AF435641

JOSÉ MIGUEL GARCÍA GARCÍA

GUÍA DE LAS SOCIEDADES DEPORTIVAS ESPAÑOLAS (1841-1920)

Título: GUÍA DE LAS SOCIEDADES DEPORTIVAS ESPAÑOLAS (1841-1920)
Autor: JOSÉ MIGUEL GARCÍA GARCÍA

Editorial: WANCEULEN EDITORIAL - FUNDACIÓN DE INVESTIGACIÓN EN CIENCIAS DE LA ACTIVIDAD
FÍSICA Y DEL DEPORTE

ISBN (Papel): 978-84-9993-383-2
ISBN (Ebook): 978-84-9993-384-9

DEPÓSITO LEGAL: SE 788-2020

Impreso en España. 2020

WANCEULEN S.L.
C/ Cristo del Desamparo y Abandono, 56 - 41006 Sevilla
Dirección web: www.wanceuleneditorial.com y www.wanceulen.com
Email: info@wanceuleneditorial.com

A los que quiero

AGRADECIMIENTOS

A mi mujer Azucena y mi hija Edurne, con ellas, este proyecto vio la luz, tras recorrer gran parte de España.

Quiero expresar mi agradecimiento a la Escuela de Técnicas Aeronáuticas, que me ha ofrecido todas las facilidades para que pudiera investigar y publicar la obra.

Del mismo modo, agradezco a todas las personas e instituciones que han participado en esta obra. Su valiosa y desinteresada colaboración han hecho posible este trabajo.

ÍNDICE

INTRODUCCIÓN

"La vida sólo puede ser comprendida mirando hacia atrás, pero ha de ser vivida mirando hacia adelante"[1]. Esta frase, del filósofo danés Søren Aabye Kierkegaard, perteneciente al siglo XIX, se alinea con nuestro comportamiento, para motivar la realización de esta obra. Porque esta guía desvela el pasado de una forma científica, para enseñar las sociedades deportivas españolas entre 1841 y 1920, y ser un instrumento de ayuda para los investigadores del presente y del futuro.

En esta monografía tratamos de mostrar las sociedades deportivas españolas que se inscribieron en los antiguos gobiernos civiles de nuestro país hasta 1920. El estudio abarca todas las provincias españolas, incluyendo las dos ciudades autónomas. La horquilla temporal cubre desde la primera inscripción datada en 1841 hasta 1920 inclusive. Escogemos, 1920, para terminar nuestro trabajo, porque dicho año es un punto de inflexión en la sociedad deportiva española como señala García García[2].

El Gobierno Civil fue una institución creada en la Constitución de 1812, encargada de dirigir el poder real en las provincias. Estaba dirigido por el gobernador civil, un puesto nombrado por el rey, que llevaba anexos otros cargos como el de presidente de la Diputación provincial[3]. Entre sus responsabilidades le correspondía, la representación del Estado en la provincia, así como, supervisar toda la administración pública comprendida en su territorio[4].

Las funciones de supervisión y control del gobernador civil se extendían a campos tan diversos como las asociaciones. Todas las asociaciones, incluidas las deportivas, tenían la obligación de presentar sus estatutos en el Gobierno Civil ubicado en la capital de su provincia, para que fueran legalizadas. Estas

---

[1] Kierkegaard, Søren (2014). *Diario de un seductor*. Madrid: Alianza.

[2] García García, José Miguel (2016). *Los primeros militares olímpicos españoles*. Sevilla: Wanceulen.

[3] Molina Martínez, José Luis (2006). Un punto oscuro en la vida política de Musso: el Gobierno Civil de Sevilla. En: Santos Campoy García, Manuel Martínez Arnaldos y José Luis Molina Martínez (coord.) *José Musso Valiente y su época (1785-1838): la transición del Neoclasicismo al Romanticismo: actas del Congreso Internacional celebrado en Lorca los días 17, 18 y 19 de noviembre de 2004*. (pp. 159-168). Murcia: Universidad de Murcia.

[4] Laso Ballesteros, Ángel (2010). El papel de la autoridad: los documentos del Gobierno Civil de Valladolid. *Investigaciones históricas, 30*, pp. 233-266.

sociedades, una vez refrendadas con la firma del gobernador civil eran inscritas en el libro de registro de asociaciones que existía al efecto[5].

Nuestro estudio bucea en todos los archivos históricos provinciales o archivos similares indagando si tienen los libros de registro de asociaciones hasta 1920. Una vez confirmada la información realizamos un viaje por gran parte de España, recorriendo veintiocho repertorios para seleccionar y transcribir de forma literal los datos encontrados. Se ha respetado la escritura de la fuente original, que en algunos casos puede que no corresponda con la verdadera grafía.

Estas sociedades surgen de forma análoga a sus homólogas inglesas. Hay que recordar que el deporte es la actividad física que nace en las clases altas inglesas del siglo XVIII, que se constituye en una práctica laica, organizada, estructurada y sistematizada. La actividad física en que se reglamenta la competición tiene un carácter global, creando sus propios clubes y federaciones[6].

Siguiendo a Dunning, en esta investigación, en nuestro análisis efectuado sobre el asociacionismo deportivo en España, no incluimos la tauromaquia[7]. Si incluimos a las sociedades Los Exploradores de España por su fomento de la actividad físico-deportiva.

La obra está dividida en cincuenta y dos capítulos, que se corresponden con cincuenta provincias y dos ciudades autónomas ordenadas alfabéticamente. En cada capítulo se describe el proceso desarrollado, mostrando una imagen de los archivos históricos provinciales o archivos similares, para averiguar la existencia de los libros de registro de asociaciones hasta 1920. Si la búsqueda de los documentos nos lleva a una respuesta negativa mostramos los motivos si nos fueron revelados por la administración. Si por el contrario, la respuesta es positiva, escribimos su referencia para facilitar la búsqueda a otros

---

[5] León y Castillo, Fernando de (1887, 12 de julio). Ley del derecho de asociación de 30 de junio. *Gaceta de Madrid, 193*, pp. 105-106 y Terol Gómez, Ramón (2004). La intervención pública sobre el asociacionismo deportivo en España. 1869-1978. *Revista Jurídica del Deporte, 11*, pp. 27-44.

[6] García Bonafé, Milagros (1992). Las mujeres y el deporte: del "corsé" al "chándal". *Sistema, 110-111*, pp. 37-53; Lagardera Otero, Francisco (1995). Historia social del Deporte en España. En: Saúl García Blanco (coord.). *Simposium de Historia de la educación física.* (pp. 39-69). Salamanca: Universidad de Salamanca y Lagardera Otero, Francisco (1995-1996). Notas para una historia social del deporte en España. *Historia de la Educación. Revista Interuniversitaria, 14-15*, pp. 151-172.

[7] Dunning, Eric (2003). *El fenómeno deportivo. Estudios sociológicos en torno al deporte, la violencia y la civilización.* Barcelona: Paidotribo.

investigadores, analizamos la documentación y transcribimos de forma literal, en un cuadro, la información encontrada. En la mayoría de las ocasiones, las páginas de los libros están en forma de cuadro, su estructura y sus datos se plasman de forma íntegra y rigurosa.

Las sociedades deportivas que no tienen fecha las hemos descartado del estudio. Hay fechas que no se corresponden con la denominación asignada en su columna y tienen aclaraciones entre paréntesis. También hemos encontrado palabras que no hemos podido transcribir y las hemos sustituido por un doble signo de interrogación.

La investigación extrae a la luz 1.131 sociedades deportivas, de 31 provincias. Desvelando 26 deportes diferentes, además de sociedades polideportivas y Los Exploradores de España.

Por último, consideramos que este trabajo tiene un notable valor histórico, porque las fuentes utilizadas, a nivel nacional, son inéditas y oficiales. Anteriormente, ningún estudio había realizado este análisis desde este enfoque. Esta guía no refleja la realidad de nuestro país, en aquellos momentos, porque no han llegado todos los datos, hasta nuestros días, y porque siempre hay un grado de ocultación hacia la administración. A pesar de estas contrariedades, esta obra, es la más completa que se ha realizado dentro del movimiento asociativo deportivo.

ÁLAVA (ARABA)

El Archivo Histórico Provincial de Álava está situado en el Paseo de la Zumaquera, nº 21 en Vitoria-Gasteiz. Nos ponemos en contacto, con dicho archivo, vía email el seis de julio de 2012, preguntando por los libros de asociaciones hasta 1920 y nos indica una funcionaria que tiene la información. Efectuamos la visita el siete de agosto de 2012 por la mañana, el libro de asociaciones, pertenece al Fondo Subdelegación del Gobierno Civil. La inscripción más antigua es del 16 de septiembre de 1887 del Casino Artista Vitoriano, cuyo presidente es Francisco Lejarreta, perteneciente al Ayuntamiento de Vitoria. Tras finalizar encontramos estas sociedades deportivas hasta 1920.

Figura 1: Entrada del Archivo Histórico Provincial de Álava

NOMBRE	PRESIDENTE/ DIRECTOR	ACTIVIDAD A LA QUE SE DEDICA	FECHA DE PRESENTACIÓN DEL REGLAMENTO	POBLACIÓN	PROVINCIA	OBSERVACIONES
Sociedad de Caza la Perdiguera	José María Zavala	Fomento de la caza	10-4-1887	Vitoria	Álava	Disuelta. Signatura 27467, pág. 13
Velez Club Vitoriano	Modesto Wallin	Spor ciclista	26-6-1887	Vitoria	Álava	Disuelta. Signatura 27467, pág. 13
Veloz Club Vitoriano	Modesto Wallin	Cultivo del ciclismo	4-4-1888	Vitoria	Álava	Disuelta. Signatura 27467, pág. 11
Asociación General de Cazadores de Vitoria	Zavala, marqués de la Alameda	Fomento de la caza	10-6-1889	Vitoria	Álava	Disuelta en julio de 1902. Signatura 27467, pág. 56
Club Ciclista Vitoriano		Ciclismo	27-4-1896	Vitoria	Álava	Disuelta. Signatura 27467, pág. 45
Asociación de Cazadores de Vitoria	Antonio Peláez	Fomento de la caza	23-07-02	Vitoria	Álava	Signatura 27467, pág. 77
Sporting-club	Luis de Gárate	Gimnasia y recreo	22-05-05 (fecha constitución de la sociedad)	Vitoria	Álava	Disuelta. Signatura 27468, pág. 4

NOMBRE	PRESIDENTE/ DIRECTOR	ACTIVIDAD A LA QUE SE DEDICA	FECHA DE PRESENTACIÓN DEL REGLAMENTO	POBLACIÓN	PROVINCIA	OBSERVACIONES
Alpino Atletic Sportiva		Fomentar la afición al foot-ball, a las excursiones y en fin a todo lo que se relacione con el desarrollo físico, muscular y recreativo	23-05-05	Llodio	Álava	Signatura 27468, pág. 5
Sociedad "Ciclista Vitoriana"		Propagar y desarrollar la afición al ciclismo organizando al efecto concursos y excursiones	27-11-05	Vitoria	Álava	Signatura 27468, pág. 8
Vitoria Club (Skating King)		Recreo	22-01-07	Vitoria	Álava	Se modifica el reglamento el 16-4-1910. Signatura 27468, pág. 16
Unión Sportiva Alavesa		Fomentar el sport	17-04-07	Vitoria	Álava	Nuevo presidente Damián Fresca el 25-1-1911. Signatura 27468, pág. 18

NOMBRE	PRESIDENTE/ DIRECTOR	ACTIVIDAD A LA QUE SE DEDICA	FECHA DE PRESENTACIÓN DEL REGLAMENTO	POBLACIÓN	PROVINCIA	OBSERVACIONES
New Club	Joaquín Mossi	Fomentar toda clase de sport	31-9-1907	Vitoria	Álava	Signatura 27468, pág. 19
La Cazadora Alavesa (Asociación de Cazadores y Pescadores de Álava)		Defensa de la caza	07-12-07	Vitoria	Álava	Signatura 27468, pág. 21
Los Exploradores de España (Boy Scouts Españoles)	Ricardo Buesa	Desarrollar en la juventud el amor a dios y a la patria, el culto al honor	12-08-12 (fecha constitución de la sociedad)	Vitoria	Álava	Disuelta el 28-5-1913. Signatura 27468, pág. 71
La Cazadora de Araya		Procurar el fomento y reproducción de la caza	15-08-12 (fecha constitución de la sociedad)	Araya	Álava	Signatura 27468, pág. 71
Asociación de Cazadores Oyoneses	Nicolás Santander	Exigir el cumplimiento de la ley de caza	13-07-16 (fecha constitución de la sociedad)	Oyón	Álava	Signatura 27468, pág. 94
Club Deportivo	Javier Elorza	Sport	17-10-18 (fecha constitución de la sociedad)	Vitoria	Álava	Signatura 27468, pág. 105

NOMBRE	PRESIDENTE/ DIRECTOR	ACTIVIDAD A LA QUE SE DEDICA	FECHA DE PRESENTACIÓN DEL REGLAMENTO	POBLACIÓN	PROVINCIA	OBSERVACIONES
Sport Friend´s Club. (Club Deportivo Alavés)	Hilario Donoso	Sport	26-07-20 (fecha constitución de la sociedad)	Vitoria	Álava	Cambia el nombre el 23-1-1921 por Club Deportivo Alavés. Signatura 27466a, pág. 644

ALBACETE

El Archivo Histórico Provincial de Albacete está ubicado en la C/ Padre Romano, nº 2 en Albacete. Nos ponemos en comunicación, con dicho repertorio, vía telefónica el dos de mayo de 2012, preguntando por los libros de asociaciones hasta 1920 y nos señala una funcionaria que se destruyó lo anterior a 1940, pero sabe que en la subdelegación del Gobierno hay algunos libros de asociaciones, aunque desconoce las fechas. Efectuamos la llamada y nos anuncian que no hay libros que se conserven con antecedentes a 1940. El resultado es que no disponemos de información sobre las sociedades deportivas anteriores a 1920.

Figura 2: Entrada del Archivo Histórico Provincial de Albacete

ALICANTE

El Archivo Histórico Provincial de Alicante se encuentra en la C/ Guillén de Castro, nº 3 en Alicante. Nos ponemos en contacto, con dicho archivo, vía telefónica el seis de mayo de 2012, preguntando por los libros de asociaciones hasta 1920 y nos indica una funcionaria que custodian los libros a partir de 1939, nos comenta que existe una nota donde señala que los libros de asociaciones anteriores desaparecieron. La consecuencia es que no tenemos referencias sobre las sociedades deportivas anteriores a 1920.

Figura 3: Entrada del Archivo Histórico Provincial de Alicante

ALMERÍA

El Archivo Histórico Provincial de Almería está situado en la C/ Campomanes, nº 11 en Almería. Nos ponemos en comunicación, con dicho repertorio, vía email el seis de julio de 2012, preguntando por los libros de asociaciones hasta 1920 y nos señala una archivera que tiene la información. Efectuamos la visita el dos de agosto de 2012 por la mañana, los documentos se encuentran en el Fondo Gobierno Civil; Sección Orden Publico Derechos de los Ciudadanos; Subsección Asociaciones. Hay una caja, la nº 15.952, con varios libros de registro; hay un libro el 223 que va de 1826-1929, titulado "Índice de Sociedades Antiguas". Comienza con la inscripción Asociación de Empleados Municipales, del 19 de diciembre de 1826, creada por José Antonio Jiménez Asensio, perteneciente al Ayuntamiento de Huercal-Orera. Hay otra caja, la nº 15799, con el libro 101 que va de 1910-1918. Tras terminar hallamos estas sociedades deportivas hasta 1920.

Figura 4: Entrada del Archivo Histórico Provincial de Almería

NOMBRE	PRESIDENTE/ DIRECTOR	ACTIVIDAD A LA QUE SE DEDICA	FECHA DE FUNDACIÓN DE LA SOCIEDAD	POBLACIÓN	PROVINCIA	OBSERVACIONES
Sociedad Tiro de Pichón	Juan Ojeda Fernández		27-04-11	Almería	Almería	Disuelta. Libro 223, sin número
Los Exploradores de España	José Molero Levenfeld y Felipe Mingo Durand		07-04-13	Almería	Almería	Libro 223, sin número
Club Náutico	Arturo Lengo	Fomentar y cultivar toda clase de deportes náuticos	15-07-15	Almería	Almería	Modifican sus estatutos el 20-5-1918 y varían su denominación por Real Club Náutico y Sociedad Oceanográfica. Libro 101, pág. 158
Exploradores de España	Fernando Guirao Alcázar		19-09-17	Vélez Rubio	Almería	Libro 223, sin número
Exploradores de España	Juan Pedro Pérez Motos		19-05-18	María	Almería	Disuelta. Libro 101, pág. 237
Exploradores de España	Mariano Álvarez Álvarez		04-09-18	Vélez Blanco	Almería	Disuelta el 10-6-1922. Libro 101, pág. 281
Círculo Recreativo de Cazadores	Domingo ¿? Arqueros		29-11-19	Almería	Almería	Disuelta. libro 223, sin número

ASTURIAS

El Archivo Histórico Provincial de Asturias se encuentra en la C/ Arcipreste de Hita, nº 1 en Oviedo. Nos ponemos en contacto, con dicho archivo, vía email el dos de mayo de 2012, preguntando por los libros de asociaciones hasta 1920 y nos anuncia un funcionario que tiene la información a partir de 1890. Efectuamos la visita el seis de agosto de 2012 por la mañana, los documentos se encuentran en el Fondo Gobierno Civil y es el libro 468 que va de 1897 hasta 1932. La inscripción más antigua es El Tesoro del Trabajo, del 13 de marzo de 1897, cuyo presidente es Santiago Leiva, perteneciente al Ayuntamiento de Oviedo. También revisamos varios expedientes. Tras acabar obtenemos estas sociedades deportivas hasta 1920.

Figura 5: Entrada del Archivo Histórico Provincial de Asturias

NOMBRE	PRESIDENTE/ DIRECTOR	ACTIVIDAD A LA QUE SE DEDICA	FECHA DE CONSTITUCIÓN DE LA SOCIEDAD	POBLACIÓN	PROVINCIA	OBSERVACIONES
Club de Regatas Gijón	conde de Revillagigedo	Recreo y fomento del sport	01-10-11	Gijón	Oviedo	Tiene 96 socios. Cuota de entrada 150 pesetas y mensual de 5 pesetas. A partir de 1913 se llama Real Club Astur de Regatas de Gijón. Libro 468, pág. 105 y caja 20067/55.
Asociación de Cazadores de Cudillero	Diego G. Rovés	Fomento de la caza	06-04-13	Cudillero	Oviedo	Libro 468, pág. 87
Sociedad Deportiva Asturiana	César Miranda	Sport	22-02-14	Oviedo	Oviedo	Libro 468, pág. 331
Club Náutico de Salinas	Manuel A. Buylla	Recreo	16-09-15	Salinas	Oviedo	Reforma reglamento 30-11-1922. Libro 468, pág. 73

NOMBRE	PRESIDENTE/ DIRECTOR	ACTIVIDAD A LA QUE SE DEDICA	FECHA DE CONSTITUCIÓN DE LA SOCIEDAD	POBLACIÓN	PROVINCIA	OBSERVACIONES
Stadium Avilesino. Sociedad de Cultura Física, Arte y Sport	Ramón F. Arenas	Cultura, arte y sport	03-05-16	Avilés	Oviedo	Libro 468, pág. 31
Real Sporting de Gijón	B. de la Puente		20-06-16	Gijón	Oviedo	Caja 20067/04
"La Trubieca" Sociedad de Caza y Pesca	Marcelino Penedo	Unión de cazadores y pescadores	04-09-16	Oviedo	Oviedo	Libro 468, pág. 331
Sociedad de Pesca "Neptuno"	Fernando Feruz	Fomento de la pesca	01-06-17	Cangas de Onís	Oviedo	Libro 468, pág. 59
Asociación de Cazadores de Allande	Manuel Valledor S. Otero	Fomento de la caza	09-08-17	Allande	Oviedo	Cuota de entrada 15 pesetas y semestral de 5 pesetas. Caja 20056/02
Real Automóvil Club	Plácido A. Buylla	Fomento del sport	05-11-17	Oviedo	Oviedo	Libro 468, pág. 303
Club España Gijonés	Armando Alonso	Fomento del sport	12-11-17	Gijón	Oviedo	Libro 468, pág. 105

NOMBRE	PRESIDENTE/ DIRECTOR	ACTIVIDAD A LA QUE SE DEDICA	FECHA DE CONSTITUCIÓN DE LA SOCIEDAD	POBLACIÓN	PROVINCIA	OBSERVACIONES
Representación Provincial del Tiro Nacional	José Tartiere	El del R.D. de 27-9-1917	12-03-18	Oviedo	Oviedo	Libro 468, pág. 304
Club Natahoyense	Benigno Rubiera	Fomento del sport	16-05-18	Gijón	Oviedo	Libro 468, pág. 106
Lanark Bat	Gerardo Peña	Defensa de sus asociados	22-06-18	Gijón	Oviedo	Libro 468, pág. 106
Asociación de Cazadores	Alberto R. Peláez	Fomento de la caza	30-06-18	Tineo	Oviedo	Libro 468, pág. 465
Racing Club Mierense	Matías Ibrón	Sport	24-07-18	Mieres	Oviedo	Reformado el 11-8-1927. Libro 468, pág. 259
Deportiva Piloñesa	Carlos Fernández	Sport	06-08-18	Piloña	Oviedo	Libro 468, pág. 372
Stadium Club Ovetense (Real)	José Buylla Godino	Fomento del sport	12-08-18	Oviedo	Oviedo	Se fusionó para formar el Oviedo F.C. el 1-4-1926. Libro 468, pág. 312
Unión Club Natahoyense Titanic	Adolfo Fernández	Fomento del sport	28-09-18	Gijón	Oviedo	Libro 468, pág. 107

NOMBRE	PRESIDENTE/ DIRECTOR	ACTIVIDAD A LA QUE SE DEDICA	FECHA DE CONSTITUCIÓN DE LA SOCIEDAD	POBLACIÓN	PROVINCIA	OBSERVACIONES
Federación Regional Asturiana de Clubs de Foot-ball	Félix Serrano	Fomento del sport	12-12-18	Oviedo	Oviedo	Libro 468, pág. 314
Arenas Club	Manuel Feruz	Fomento del sport	13-12-18	Oviedo	Oviedo	Libro 468, pág. 314
Pumarin (Tumarin) Foot-ball Club	José Rodríguez	Fomento del sport	13-12-18	Oviedo	Oviedo	Libro 468, pág. 314
Club Nacional Ovetense	Ángel Pérez	Fomento del sport	13-12-18	Oviedo	Oviedo	Libro 468, pág. 314
Thunder-Gomez Ovetense	Jesús Esfoheaga	Fomento del sport	13-12-18	Oviedo	Oviedo	Libro 468, pág. 314
Fomento de la Caza y la Pesca "La Colunguesa"	José de la Fortuna	Fomento de la caza y pesca	07-02-19	Colunga	Oviedo	Libro 468, pág. 81
Federación Regional Asturiana de Clubs de Foot-ball	Enrique Guisasola	Fomento del sport	08-02-19	Gijón	Oviedo	Nombran presidente a Julián Ayesta el 30-6-1919. Libro 468, pág. 108

NOMBRE	PRESIDENTE/ DIRECTOR	ACTIVIDAD A LA QUE SE DEDICA	FECHA DE CONSTITUCIÓN DE LA SOCIEDAD	POBLACIÓN	PROVINCIA	OBSERVACIONES
Centro Cultural Deportivo de Noreña	Emilio Ruiz Vázquez	Instrucción y fomento de los sports	13-02-19	Noreña	Oviedo	Libro 468, pág. 289
Club Deportivo de Oviedo	José Tartiere	Fomento del sport	26-05-19	Oviedo	Oviedo	Se fusionó para formar el Oviedo F.C. el 1-4-1926. Libro 468, pág. 318
Unión Deportivo Racing	Joaquín Rua	Fomento del sport	30-06-19	Gijón	Oviedo	Libro 468, pág. 110
Sporting Gradiense	Carlos Barredo	Fomento del sport	08-07-19	Grado	Oviedo	Libro 468, pág. 154
Asturias Foot-ball Club	Francisco Guerra	Fomento del sport	12-08-19	Oviedo	Oviedo	Libro 468, pág. 319
Nuevo Astur Victoria	Celestino González	Fomento del sport	07-09-19	Gijón	Oviedo	Libro 468, pág. 111
Fortuna	Fidel Argüelles	Fomento del sport	21-09-19	Oviedo	Oviedo	Libro 468, pág. 319
Real Sportin de Gijón	Enrique Guisasola	Fomento del sport	07-10-19	Gijón	Oviedo	Libro 468, pág. 111

NOMBRE	PRESIDENTE/ DIRECTOR	ACTIVIDAD A LA QUE SE DEDICA	FECHA DE CONSTITUCIÓN DE LA SOCIEDAD	POBLACIÓN	PROVINCIA	OBSERVACIONES
Club Hispania Gijonés	David Castro	Fomento del sport	24-10-19	Gijón	Oviedo	Libro 468, pág. 112
Siero Club de Pola de Siero	Ovidio González Pelayo	Fomento del sport	17-11-19	Siero	Oviedo	Libro 468, pág. 442
Coto de Anzo	Fernando de Soignie	Fomento del sport de la caza	09-12-19	Avilés	Oviedo	Disuelta el 12-7-1926. Libro 468, pág. 30
Club Victoria Ovetense	Cándido González	Fomento del sport	09-12-19	Oviedo	Oviedo	Libro 468, pág. 321
La Genegetica Allerana	Pedro Fidalgo	Fomento de la caza y la pesca	24-12-19	Aller	Oviedo	Cuota mensual de 2 pesetas. Caja 20056/19
Arenas Club Gijonés	Paulino F. Pando	Fomento del sport	04-02-20	Gijón	Oviedo	Libro 468, pág. 113
Asociación de Cazadores del Conejo de las Regueras	Amalio Suárez Suárez	Fomento de la caza	16-02-20	Las Regueras	Oviedo	Libro 468, pág. 401
Football Club Gijonés	Eduardo Rodríguez	Fomento del sport	12-03-20	Gijón	Oviedo	Libro 468, pág. 113

NOMBRE	PRESIDENTE/ DIRECTOR	ACTIVIDAD A LA QUE SE DEDICA	FECHA DE CONSTITUCIÓN DE LA SOCIEDAD	POBLACIÓN	PROVINCIA	OBSERVACIONES
Gijón Foottball Club	Castor Menéndez	Fomento del sport	22-03-20	Gijón	Oviedo	Libro 468, pág. 114
"La Ideal" Sociedad de Juego de Bolos	Francisco A. Álvarez	Fomento del sport	30-03-20	Oviedo	Oviedo	Libro 468, pág. 322
Racing Club Candasino	Bautista Arrieta	Fomento del sport	02-04-20	Candás	Oviedo	Libro 468, pág. 68
Sociedad del Fomento Cultural de Trubia	César Álvarez	El recreo y el sport	08-04-20	Oviedo	Oviedo	Libro 468, pág. 323
"Tuneres" Sociedad Venatoria	Esteban Riera	Fomento de la caza	17-04-20	Pola de Laviana	Oviedo	Libro 468, pág. 200
Arín Foot-ball Club	Andrés González	Fomento del sport	04-06-20	Gijón	Oviedo	Libro 468, pág. 114
Federación Asturiana de Atletismo	Manuel S. González	Deportes	20-06-20	Gijón	Oviedo	Libro 468, pág. 124
Actualidad F. C.	Vicente Martínez	Sport	20-06-20	Oviedo	Oviedo	Libro 468, pág. 324
Club de Natación Gijón	Máximo Matalubria	Fomento de la natación	21-06-20	Gijón	Oviedo	Libro 468, pág. 115

NOMBRE	PRESIDENTE/ DIRECTOR	ACTIVIDAD A LA QUE SE DEDICA	FECHA DE CONSTITUCIÓN DE LA SOCIEDAD	POBLACIÓN	PROVINCIA	OBSERVACIONES
Club "La Calzada"	Avelino Vigil	Sport	21-07-20	Gijón	Oviedo	Libro 468, pág. 116
Club Gijonés Juvencia	Ángel Menéndez	Sport	10-08-20	Gijón	Oviedo	Libro 468, pág. 116
"Athetit Club" Sociedad Deportiva del Barrio de la Peña	Avelino Álvarez	Sport	12-08-20	Mieres	Oviedo	Libro 468, pág. 257
Oviedo-Arenas Club	Justo López	Sport	13-08-20	Oviedo	Oviedo	Libro 468, pág. 324
Asociación para el Fomento de la Caza y Pesca en Ribadesella	Enrique Barona	Fomento de caza y pesca	16-08-20	Ribadesella	Oviedo	Libro 468, pág. 410
Sociedad Excursionista Ovetense	José Muñoz Amo	Fomento del turismo	24-09-20	Oviedo	Oviedo	Libro 468, pág. 325
Sociedad de Cazadores de Oviedo	Manuel García	Fomento de la caza	23-10-20	Oviedo	Oviedo	Libro 468, pág. 326

ÁVILA

El Archivo Histórico Provincial de Ávila está ubicado en la Pza. Concepción Arenal, s/n en Ávila. Nos ponemos en comunicación, con dicho repertorio, vía email el dos de mayo de 2012, preguntando por los libros de asociaciones hasta 1920 y nos indica un funcionario que tiene la información. Efectuamos la visita el once de junio de 2012, por la tarde, los documentos se encuentran en la Sección/Fondo Gobierno Civil y es el Registro de asociaciones domiciliadas en los pueblos con signatura 39255. Comienza con la inscripción del 21 de marzo de 1886 de San José (Socorros mutuos), dirigido por Baltasar Moreno de Blas, y tenía por objeto el socorro mutuos a enfermos, perteneciente al Ayuntamiento de Aldea Vieja. También está el Registro de asociaciones domiciliadas en la capital con signatura 39254. Comienza con la inscripción del 14 de enero de 1884, Caja de Ahorros y Monte de Piedad, y tenía por objeto estimular y desarrollar el ahorro, perteneciente al Ayuntamiento de Ávila. Por último, encontramos el Registro de asociaciones del Gobierno Civil de la provincia de Ávila con la signatura 39253 que comienza con la inscripción del 14 de febrero de 1888, Caja de Ahorros y Monte de Piedad, y tenía por objeto estimular y desarrollar el ahorro, perteneciente al Ayuntamiento de Ávila. Tras finalizar encontramos estas sociedades deportivas hasta 1920.

Figura 6: Entrada del Archivo Histórico Provincial de Ávila

NOMBRE	PRESIDENTE/ DIRECTOR	ACTIVIDAD A LA QUE SE DEDICA	FECHA DE CONSTITUCIÓN DE LA SOCIEDAD	POBLACIÓN	PROVINCIA	OBSERVACIONES
Circulo de Recreo		Distracciones, bailes y juegos no prohibidos	20-3-1889	Arenas de San Pedro	Ávila	Dice que ya no existe
Club Belocipedico Abulense		Fomentar la afición	23-11-1895	Ávila	Ávila	Dice que ya no existe
Fomento de la Pesca del Adaja		Velar por la pesca del Adaja para que pesquen como esta prevenido	19-04-04	Ávila	Ávila	Dice que ya no existe
Sociedad Abulense de Caza y Pesca	Pedro Sánchez Baquero	Velar por el cumplimiento de leyes de caza y pesca	05-06-07	Ávila	Ávila	

NOMBRE	PRESIDENTE/ DIRECTOR	ACTIVIDAD A LA QUE SE DEDICA	FECHA DE CONSTITUCIÓN DE LA SOCIEDAD	POBLACIÓN	PROVINCIA	OBSERVACIONES
Gredos Tormes		Fomento del turismo y alpinismo en la sierra de Gredos y repoblación piscícola del río Tormes	29-08-11 (fecha presentación del reglamento)	Hoyos del Espino-Piedrahita	Ávila	
Los Exploradores de España		Desarrollar la juventud y fomentar patria	15-09-13	Ávila	Ávila	
Arenas-Gredos	Pablo Bueno Muñoz	Fomentar el turismo y el alpinismo en la región de la sierra de Gredos	27-10-13 (fecha presentación del reglamento)	Arenas de San Pedro	Ávila	Tiene 134 socios. Reforma los artículos el 10-3-1915 y el 19-6-1923. Sigue activa en 1931

NOMBRE	PRESIDENTE/ DIRECTOR	ACTIVIDAD A LA QUE SE DEDICA	FECHA DE CONSTITUCIÓN DE LA SOCIEDAD	POBLACIÓN	PROVINCIA	OBSERVACIONES
La Peña	Juan Salgado	Proporcionar a sus socios distracciones de carácter artístico y deportivo	20-12-15 (fecha presentación del reglamento)	Ávila	Ávila	Tiene 197 socios. Sigue activa en 1931
Hípica Abulense	Adolfo Meléndez	Fomento de la afición hípica en la provincia. Desarrollo de su raza caballar y cultivar el sport ecuestre	23-04-18 (fecha presentación del reglamento)	Ávila	Ávila	Sigue activa en 1930
El Excursionista de Gredos		Fomentar el turismo y el alpinismo	22-06-18 (fecha presentación del reglamento)	Bohoyo	Ávila	
Federación Provincial del Turismo		Propaganda y fomento del turismo	31-12-18	Ávila	Ávila	

NOMBRE	PRESIDENTE/ DIRECTOR	ACTIVIDAD A LA QUE SE DEDICA	FECHA DE CONSTITUCIÓN DE LA SOCIEDAD	POBLACIÓN	PROVINCIA	OBSERVACIONES
Sucursal de la Asociación de Cazadores y Agricultores de Castilla la Vieja de Valladolid	Sandro Gordo Maroto	Cooperar al conocimiento y respeto de la legislación de pesca, caza e intereses agrícolas	25-04-19 (fecha presentación del reglamento)	Ávila	Ávila	Sigue activa en 1931

BADAJOZ

El Archivo Histórico Provincial de Badajoz se encuentra en la Avda. Europa, nº 2, 3ª planta en Badajoz. Nos ponemos en contacto, con dicho archivo, vía telefónica el dos de mayo de 2012, preguntando por los libros de asociaciones hasta 1920 y nos señala un funcionario que no conservan documentación anterior a 1952. La conclusión es que no poseemos datos sobre las sociedades deportivas anteriores a 1920.

Figura 7: Entrada del Archivo Histórico Provincial de Badajoz

BARCELONA

Barcelona no tiene un Archivo Histórico Provincial y nuestras investigaciones nos llevan al Archivo General de la Subdelegación del Gobierno de Barcelona que está situado en la C/ Mallorca, nº 278 en Barcelona. Nos ponemos en comunicación, con dicho repertorio, vía telefónica el diez de julio de 2012, preguntando por los libros de asociaciones hasta 1920 y nos anuncia un archivero que tiene la información desde finales del siglo XIX hasta principios del siglo XX. Efectuamos la visita el trece de agosto de 2012 por la mañana, los documentos se encuentran en el Fondo Asociaciones; Libros Registro de Asociaciones. Tras terminar hallamos estas sociedades deportivas hasta 1920.

Figura 8: Entrada del Archivo General de la Subdelegación del Gobierno en Barcelona

NOMBRE	PRESIDENTE/ DIRECTOR	ACTIVIDAD A LA QUE SE DEDICA	FECHA DE INSCRIPCIÓN DE LA SOCIEDAD	POBLACIÓN	PROVINCIA	OBSERVACIONES
Asociación de Excursiones Catalanas		Científica	07-10-1878	Barcelona	Barcelona	Tomo 1, pág. 1
Centro de Agedrecistas		Recreativa	26-11-1878	Barcelona	Barcelona	Tomo 1, pág. 1
Veloz Club		Recreativa	24-12-1878	Barcelona	Barcelona	Tomo 1, pág. 1
Aficionados a la Caza			27-06-1879	Mataró	Barcelona	Disuelta oficio alcalde 1901. Tomo 1, pág. 5
Pajaril Sabadellense	José Jó	Recreo	13-12-1880	C/ Jardín, 21 Sabadell	Barcelona	Baja según circular del B.O. 03-10-1912. Tomo 1, pág. 10
Club de regatas de Barna		Recreo	13-12-1881	C/ Fernando VII nº 46 Barcelona	Barcelona	Tomo 1, pág. 13
Casino de Cazadores		Recreo	18-07-1882	Barcelona	Barcelona	Tomo 1, pág. 16
La Pajaril		Recreo	16-01-1882	Santa Perpetua	Barcelona	Tomo 1, pág. 17

NOMBRE	PRESIDENTE/ DIRECTOR	ACTIVIDAD A LA QUE SE DEDICA	FECHA DE INSCRIPCIÓN DE LA SOCIEDAD	POBLACIÓN	PROVINCIA	OBSERVACIONES
Club de Velocipedistas		Recreativa	19-02-1883	Barcelona	Barcelona	Disuelta en 1889. Tomo 1, pág. 20
Jockey Club		Recreativa	26-02-1884	Barcelona	Barcelona	Tomo 1, pág. 27
Club Catalán de Regatas de Barcelona		Recreo	22-09-1884	Barcelona	Barcelona	Paso al nº 2117. Tomo 1, pág. 34
Centro Náutico		Recreo	22-12-1884	Barcelona	Barcelona	Tomo 1, pág. 34
Sociedad Pajaril		Científica	21-10-1885	Rubí	Barcelona	Baja según circular B.O. 03-10-1912. Tomo 1, pág. 48
Aficionados a la Caza y Pesca del Principado	Joaquim Viver y Ballés	Recreativo	05-11-1885	C/ Paradis 12 4º2ª, trasladada a C/ Villarroel 48, 3º1ª Barcelona	Barcelona	Tomo 1, pág. 40
Club Naval de Caldetas			30-06-1886	Arenys de Mar	Barcelona	Disuelta según oficio de alcalde 15-09-1900. Tomo 1, pág. 44
Tiro de Piedras de Barcelona		Dedicarse al tiro	04-04-1887	Barcelona	Barcelona	Tomo 1, pág. 50

NOMBRE	PRESIDENTE/ DIRECTOR	ACTIVIDAD A LA QUE SE DEDICA	FECHA DE INSCRIPCIÓN DE LA SOCIEDAD	POBLACIÓN	PROVINCIA	OBSERVACIONES
Club Naval Recreativo		Fomento de ejercicios marítimos	16-04-1887	Barcelona	Barcelona	Reformado e inserto al nº 1254 pag.70. Tomo 1, pág. 51
Protectores de la Caza y Pesca		Intereses materiales	28-06-1887	Manresa	Barcelona	Disuelto oficio alcalde 20 octubre 1900. Tomo 1, pág. 51
Sociedad Marítima	Ricardo Bilardell-Miquel Dalmau	Recreativa	07-01-1888	Barcelona	Barcelona	Tomo 1, pág. 55
Asociación de la Caza y Pesca Legal de Manresa y su Distrito		Intereses materiales	23-04-1889	Manresa	Barcelona	Disuelta oficio alcalde 20 octubre de 1900. Tomo 1, pág. 59
Sociedad Pajaril de Manresa	José Vives.	Recreativa	24-08-1889	C/ Urgel, nº 42 2ª Manresa	Barcelona	Disuelta según oficio alcalde 18-05-1910. Tomo 1, pág. 60

NOMBRE	PRESIDENTE/ DIRECTOR	ACTIVIDAD A LA QUE SE DEDICA	FECHA DE INSCRIPCIÓN DE LA SOCIEDAD	POBLACIÓN	PROVINCIA	OBSERVACIONES
Club de Tiradores de Barna		Intereses materiales	20-09-1889	C/ Cortes, nº 309 Barcelona	Barcelona	No existe oficio de fe vigencia el 9 abril 1904. Tomo 1, pág. 60
"La Primitiva"		Sociedad pajaril	23-09-1889	Barcelona	Barcelona	No existe oficio de fe de vigencia el 28-03-1901. Tomo 1, pág. 60
Asociación Excursionista de Velocipedistas		Intereses materiales	10-03-1890	Rambla de San Pedro nº 25 Barcelona	Barcelona	Trasladada a la calle Gerona nº 76 almacén. Disuelta el 23 de febrero 1891. Tomo 1, pág. 62
Club de Velocipedistas		Proteccionista	04-08-1890	Barcelona	Barcelona	Disuelta el 27-03-1891. Tomo 1, pág. 64
Sociedad de Caza y Pesca de Manlleu		Recreativa y excursionista	27-01-1891	C/ Pasión nº 22 Manlleu	Barcelona	Tomo 1, pág. 69
Real Club Náutico de Barcelona		Fomento y ejercicios marítimos	17-02-1891	Edificio anclado en el muelle Barcelona	Barcelona	Tomo 1, pág. 70

NOMBRE	PRESIDENTE/ DIRECTOR	ACTIVIDAD A LA QUE SE DEDICA	FECHA DE INSCRIPCIÓN DE LA SOCIEDAD	POBLACIÓN	PROVINCIA	OBSERVACIONES
Centre Excursionista de Cataluña		Científica	17-04-1891	C/ Paradis nº 10 2ª Barcelona	Barcelona	Autorizado su funcionamiento el 17-6-1893. Tomo 1, pág. 74
Club Inglés		Recreativa	09-06-1891	Ronda Universidad nº 6 Barcelona	Barcelona	Trasladada Rambla Centro nº 26. No existe oficio de fe de vigencia el 10-10-1904. Tomo 1, pág. 77
Sociedad de Velocipedistas	Antonio Barreras	Fomento velocipedista	14-08-1891	Ronda Universidad nº 27 bajos Barcelona	Barcelona	Reformada en mayo de 1897 (C/ Valencia, 295). Tomo 1, pág. 79
Club Velocipédico	Manuel Duran Ventosa	Recreativa	08-04-1892	C/ Bruch, nº 56 Barcelona	Barcelona	No existe oficio de fe vigencia el 28-10-1904. Tomo 1, pág. 88
Club Velocipedista		Fomento	17-04-1892	C/ Vallés nº 19 Tarrasa	Barcelona	Disuelto oficio alcalde 19-10-1900. Tomo 1, pág. 88

NOMBRE	PRESIDENTE/ DIRECTOR	ACTIVIDAD A LA QUE SE DEDICA	FECHA DE INSCRIPCIÓN DE LA SOCIEDAD	POBLACIÓN	PROVINCIA	OBSERVACIONES
Casino de la Unión Pajaril	Lluís Valls	Recreativa	03-06-1892	C/ Picas, nº 9 Manresa	Barcelona	Baja según circular del boletín 03-10-1912. Tomo 1, pág. 91
El "Veloz-Club"	Joaquim Rovira	Recreativo	29-04-1893	C/ Lancaster nº 13, 1º Barcelona	Barcelona	Disuelta según acta 20-04-1894. Tomo 1, pág. 106
Asociación de Cazadores de la Prov. de Barnal	Juan Mitjans	Recreativo	23-07-1893	Barcelona	Barcelona	No existe oficio de fe vigencia el 16-11-1904. Tomo 1, pág. 111
Centro Sport		Desarrollo físico	11-08-1893	C/ Provenza nº 93 Barcelona	Barcelona	No existe oficio de fe vigencia el 29-12-1904. Tomo 1, pág. 112
Sociedad Venatoria "Coto de la Garriga"	Pedro Roca	Ejercicio de la caza	31-10-1893	C/ Merced nº 8 pral. Barcelona	Barcelona	Disuelta el 26-10-1900. Tomo 1, pág. 116

NOMBRE	PRESIDENTE/ DIRECTOR	ACTIVIDAD A LA QUE SE DEDICA	FECHA DE INSCRIPCIÓN DE LA SOCIEDAD	POBLACIÓN	PROVINCIA	OBSERVACIONES
Centro Recreativo de las Flores	Esteban Llopart-Juan Martínez Illescas	Recreativa	25-04-1894	Rambla de las Flores, nº 8 pral. Barcelona	Barcelona	Reformado por el "Veloz-Club" el 24 de abril/ suspendida gubernativamente y disuelta el 17-5-1894. Tomo 1, pág. 123
"Club Cargol"	Francisco Quintana	Velocipedista	23-07-1894	Rambla Catalunya, nº 82 Barcelona	Barcelona	Disuelta según acta 25-01-1897. Tomo 1, pág. 128
Sociedad Colombofolica de Mataró	Juan Castany	Desarrollo y perfeccionamiento de palomas mensajeras	10-11-1894	C/ Riera, nº 60 Mataró	Barcelona	Expedida certificación 23-09-1924. Tomo 1, pág. 133
Sociedad Colombofilica de Cataluña	Diego de la Llave	Fomento palomas mensajeras	23-11-1895	C/ Tres Llits, nº 3 pral. Barcelona	Barcelona	Tomo 1, pág. 154
Centre Excursionista Economide	Francisco Padró	Recreativa	12-03-1896	C/ Boters nº 16 Barcelona	Barcelona	No existe oficio de fe vigencia el 7-04-1905. Tomo 1, pág. 161

NOMBRE	PRESIDENTE/ DIRECTOR	ACTIVIDAD A LA QUE SE DEDICA	FECHA DE INSCRIPCIÓN DE LA SOCIEDAD	POBLACIÓN	PROVINCIA	OBSERVACIONES
Sociedad Venatoria Vedado del Prat	Carlos García Favia	Ejercicio de caza y pesca	17-04-1896	C/ Merced nº 8 pral. Barcelona	Barcelona	No existe oficio de fe vigencia el 6-04-1905. Tomo 1, pág. 162
Centro Pajaril Barcelonés	Ramón Mª Malet-Jaime Serra Benet	Fomento de la diversión pajaril	28-10-1896	Barcelona	Barcelona	Tomo 1, pág. 170
Sociedad Fomento de la Pesca	Bernardo Crespo	Fomento de la misma	07-12-1896	C/ San Pablo nº 88-1º Barcelona	Barcelona	Dada de baja el 26-8-1910. Tomo 1, pág. 171
Sociedad Pajaril "la Primavera"	José Argelague	Perfeccionamiento del canto de los pájaros	22-01-1897	Baja de San Pedro, nº 17 1º Barcelona	Barcelona	No existe oficio de fe vigencia el 03-05-1905. Tomo 1, pág. 175
Asociación Catalana de Gimnástica	Emilio Jurroy y Narciso Masferrer	Propaganda gimnástica	03-04-1897	Montjuich del Carmen nº 3 Barcelona	Barcelona	Tomo 1, pág. 176
Sociedad "Sport Club Badalonés"	Luis Isamat	Fomento de la locomoción	25-06-1897	C/ Duque de la Victoria nº 6 Badalona	Barcelona	No existe oficio alcalde 29-10-1900. Tomo 1, pág. 179

NOMBRE	PRESIDENTE/ DIRECTOR	ACTIVIDAD A LA QUE SE DEDICA	FECHA DE INSCRIPCIÓN DE LA SOCIEDAD	POBLACIÓN	PROVINCIA	OBSERVACIONES
Club Velocipédico Sabadelles	Pedro Sambies	Fomento del ciclismo	04-10-1897	C/ Cervantes, nº 3 Sabadell	Barcelona	Tomo 1, pág. 183
Circulo de Esgrima	Luis Estasenc	Fomento de la esgrima	14-04-1898	C/ Elisabet nº 2 1º Barcelona	Barcelona	Disuelta según acta en enero de 1899. Tomo 1, pág. 191
Sociedad Colombofolica de Barcelona	Joaquim Salgot	Desarrollo y perfeccionamiento de palomas mensajeras	28-08-1898	C/ Montesion, nº 3 Barcelona	Barcelona	Tomo 1, pág. 195
Jockey Club	Juan Llatre	Recreativa	24-10-1898	C/ Caspe, nº 64 1ª Barcelona	Barcelona	Tomo 1, pág. 197
Maestranza de Ciclistas	Claudio de Rialx	Fomento del ciclismo	26-11-1898	C/ Valencia (solar sin nº) Barcelona	Barcelona	No existe oficio de fe vigencia el 16-6-1905. Tomo 1, pág. 199

NOMBRE	PRESIDENTE/ DIRECTOR	ACTIVIDAD A LA QUE SE DEDICA	FECHA DE INSCRIPCIÓN DE LA SOCIEDAD	POBLACIÓN	PROVINCIA	OBSERVACIONES
Circulo de Touristes	Joaquim de Miguel y Bassols	Excursiones y recreo	21-12-1898	Ronda Universidad, nº 4 1º Barcelona	Barcelona	En julio 99 es presidente Francisco Montoro. No existe oficio de vigencia el 8-6-1905. Tomo 1, pág. 200
Sociedad Colombófila de Sabadell	Juan Sans	Desarrollo de palomas mensajeras	09-01-1899	C/ Bach, nº 18 Sabadell	Barcelona	Disuelta según oficio del alcalde el 27-9-1910. Tomo 1, pág. 201
"Federación Colombófila Española"	Carlos Camps marqués de Camps.	Fomento palomas mensajeras	05-02-1899	C/ Victoria, nº 15 Barcelona	Barcelona	Disuelta según oficio de 9-12-1902. Tomo 1, pág. 202
Sociedad "Sport Mat021ronés"		Sportiva	08-02-1899	Rambla nº 20 Mataró	Barcelona	Baja 23-12-1940. Tomo 1, pág. 203
Sociedad "Cyclist Club"	José Cortés Valls	Fomento del sport	12-07-1899	C/ Mallorca nº 309 Barcelona	Barcelona	No existe oficio de fe vigencia el 30-06-1905. Tomo 1, pág. 210

NOMBRE	PRESIDENTE/ DIRECTOR	ACTIVIDAD A LA QUE SE DEDICA	FECHA DE INSCRIPCIÓN DE LA SOCIEDAD	POBLACIÓN	PROVINCIA	OBSERVACIONES
Velo-Club	Jaime Amigo Vernet	Recreativa	05-08-1899	C/ Consejo de Ciento nº 235 bajos 5 Barcelona	Barcelona	Disuelto según acta 14-12-1902. Tomo 1, pág. 211
Sociedad Pajaril de Sant Martí de Provençals	Francisco Aragó	Recreativa	14-08-1899	C/ Nueva, nº 19 Barcelona	Barcelona	Dada de baja según B.O. 26-08-1910. Tomo 2, pág. 2
Los Deportes	Manuel Duran y Ventura	Recreativa	02-10-1899	Montjuich del Carmen nº 9 Barcelona	Barcelona	No existe oficio de fe vigencia el 16-9-1899. Tomo 2, pág. 4
Club Tortuga Ciclista	Juan Trujols	Fomento	07-10-1899	C/ Cortes nº 169 Barcelona	Barcelona	No existe oficio de fe vigencia el 2-7-1905. Tomo 2, pág. 6
Circulo de Ajedrez	Juan Carbó	Recreativa	07-10-1899	Plaza Santa Ana, nº 4 Barcelona	Barcelona	Disuelto según oficio 20-04-1900. Tomo 2, pág. 7
Caza y Pesca	José Tinell	Recreativa	30-09-1899	C/ Canet, nº 1 Navarcles	Barcelona	Tomo 2, pág. 9

NOMBRE	PRESIDENTE/ DIRECTOR	ACTIVIDAD A LA QUE SE DEDICA	FECHA DE INSCRIPCIÓN DE LA SOCIEDAD	POBLACIÓN	PROVINCIA	OBSERVACIONES
Caza y Pesca Legal de la Comarca de Manresa	Jaime Ristol José Oms	Fomento de la caza y pesca	27-04-1900	C/ Canal, nº 28 Manresa	Barcelona	Tomo 2, pág. 15
Centro Pajaril Graciense lo Verdun	Juan Vila	Pajaril	03-01-1901	C/ S. Ramón, nº 4 bajos Barcelona	Barcelona	Autorizado su funcionamiento 11-07-1941. Tomo 2, pág. 37
Polo Club de Barcelona	Luis Lopes	Recreativo	25-02-1901	Rambla Santa Mónica, nº 25 Barcelona	Barcelona	Baja según circular del boletín de 31-8-1912. Tomo 2, pág. 40
Pajaril Obrera Castellanense	Juan Bruguera	Pajaril	27-03-1901	Paseo, nº 2 bis San Esteban de Castellar	Barcelona	Autorizado su funcionamiento 14-6-1941. Cambia por "Sociedad de Cazadores Pajaril Antigua Castellanense". Tomo 2, pág. 43

NOMBRE	PRESIDENTE/ DIRECTOR	ACTIVIDAD A LA QUE SE DEDICA	FECHA DE INSCRIPCIÓN DE LA SOCIEDAD	POBLACIÓN	PROVINCIA	OBSERVACIONES
Unión Velocipédica Española		Fomento del ciclismo	29-04-1901	C/ Provenza, nº 304 Barcelona	Barcelona	Baja según circular del boletín oficial de 3-10-1912. Tomo 2, pág. 44
Sindicatos de Cazadores de Terrasa y su Distrito	Bartolomé Amat	Fomento caza	29-07-1901	C/ San Antonio nº 61 Terrasa	Barcelona	Baja según circular del boletín 3-10-1912. Tomo 2, pág. 52
Tertulia Ciclista	Juan Esteve	Ciclista	01-08-1901	C/ Consejo de Ciento chaflán C/ Casanovas Barcelona	Barcelona	No existe oficio de fe vigencia el 18-8-1905. Tomo 2, pág. 52
Sociedad Pajaril de Sans	Miguel Amigó	Pajaril	18-10-1901	C/ Alcolea, nº 101 Barcelona	Barcelona	E.C. 18-10-1901. Autorizado su funcionamiento 21-07-1941. Tomo 2, pág. 58
Sociedad Pajaril Antigua de la Calle de la Salud	Antonio Faine	Pajaril	06-12-1901	Calle de la Salud Sabadell	Barcelona	Baja según circular del B.O. 03-10-1912. Tomo 2, pág. 63

NOMBRE	PRESIDENTE/ DIRECTOR	ACTIVIDAD A LA QUE SE DEDICA	FECHA DE INSCRIPCIÓN DE LA SOCIEDAD	POBLACIÓN	PROVINCIA	OBSERVACIONES
Real Sociedad Colombófila de Barcelona	Joaquim Salgot	Colombófila	23-12-1901	Barcelona	Barcelona	Baja según circular del B.O. 31-8-1912. Alta en 09-01-1913. E.C 20-01-1913. Tomo 2, pág. 64
Centro de Aficionados a la Caza	Pedro Cervià	Recreativo	04-01-1902	C/ Paz de la Enseñanza nº 2 bis pral. Barcelona	Barcelona	Disuelta según acta 12-2-1902. Tomo 2, pág. 65
Los Montanyenchs	Antonio Busquets	Catalanista	29-01-1902	C/ Escudillers Blanchs, nº 8 Barcelona	Barcelona	Disuelta según acta 15-02-1903. Tomo 2, pág. 68
Sindicato de Cazadores de Sabadell y su Distrito Judicial	José Aguilera	Defensa de intereses	10-02-1902	Calle Pedregar, Café Ibérico Sabadell	Barcelona	Disuelta 20-10-1910. Tomo 2, pág. 69
Club Fotográfico y Deportivo	Pedro Jordana-Pedro Catanis	Fomento sport	05-04-1902	C/ Valencia nº 271 – C/ Letamendi nº 1,3 y 5 Barcelona	Barcelona	Baja circular B.O. 23-11-1905. Tomo 2, pág. 72

NOMBRE	PRESIDENTE/ DIRECTOR	ACTIVIDAD A LA QUE SE DEDICA	FECHA DE INSCRIPCIÓN DE LA SOCIEDAD	POBLACIÓN	PROVINCIA	OBSERVACIONES
Real Club Marítimo de Barcelona	José E. de Olano	Sport	16-04-1902	Muelle de Barcelona	Barcelona	11-1-1940 revalidado. Autorizado su funcionamiento en 26-5-941. El 16-6-1951 cambia por "Club Maritim de Barcelona". Tomo 2, pág. 72
Unión Gimnástica Española	Rafael Rodríguez Méndez	Sport	18-07-1902	C/ Sepúlveda nº 105 entlo. / Universidad 2º 1ª Barcelona	Barcelona	Dada de baja según acuerdo 8-7-1909. Tomo 2, pág. 125
Asociación Náutica Española	Manuel Cabrineti	Defensa de clase	10-10-1902	C/ Cristina II, entlo. Barcelona	Barcelona	Baja según providencia que cursa unida al expediente de la asociación de capitanes y pilotos de la marina mercante española nº9284. E.C. 20-10-1902 e.c. 23-3-1915. Tomo 2, pág. 131

NOMBRE	PRESIDENTE/ DIRECTOR	ACTIVIDAD A LA QUE SE DEDICA	FECHA DE INSCRIPCIÓN DE LA SOCIEDAD	POBLACIÓN	PROVINCIA	OBSERVACIONES
Salud Sport Club		Recreativa	23-10-1902	C/ Salud, nº 75 Barcelona	Barcelona	Revalidada el 21-1-9 para fines deportivos. Tomo 2, pág. 131
Nueva Asociación de Cazadores de Barcelona	Antonio Anet	Fomento de la caza	18-11-1902	C/ Valencia nº 271- Pl. Cataluña nº 27 bajos Barcelona	Barcelona	(Pasó al 4658). Tomo 2, pág. 135
Foot-ball Club Barcelona	Paul Haal Francisco Trias	Recreativa	05-01-1903	C/ Aribau, nº 5 bajos Barcelona	Barcelona	E.C.12-12-1912. Tomo 2, pág. 144
Sport Fox Terrier	Ramón Callis	Sportiva	28-05-1903	C/ Cortes nº 173 bajos Barcelona	Barcelona	Pasó al nº 4041. Tomo 2, pág. 166
Diana, Sociedad de Cazadores	Mario Borbonet	Fomento caza	09-06-1903	C/ Real, nº 141 2ª Badalona	Barcelona	Baja según circular B.O. 03-10-1912. Tomo 2, pág. 168
Sports Men´s Club	Ramón Callis Joaquim Salgot	Sport	12-10-1903	Salón de San Juan nº 2 chaflán al Paseo de Pujades Barcelona	Barcelona	Dada de baja S.C. del B.O. 26-8-1910. Tomo 2, pág. 185

NOMBRE	PRESIDENTE/ DIRECTOR	ACTIVIDAD A LA QUE SE DEDICA	FECHA DE INSCRIPCIÓN DE LA SOCIEDAD	POBLACIÓN	PROVINCIA	OBSERVACIONES
Sociedad de Tiro Nacional	Ginés Codina	Fomento afición al tiro	10-11-1903	Café de Colón Barcelona	Barcelona	E.C. 11-11-1903. Tomo 2, pág. 189
Atlético Club Ciclista	Juan Roig	Sportiva	03-12-1903	C/ Aribau nº 21 bajos Barcelona	Barcelona	No existe oficio de fe vigencia el 14-10-1905. Tomo 2, pág. 191
Centro Pajaril de Roda	Martin Clotet	Recreativa	16-03-1904	C/ Sol de Pont, nº 1 bajos Roda de Ter	Barcelona	Dada de baja S.C.del B.O. de 26-08-1910. Tomo 3, pág. 5
Sociedad Venatoria	Manuel Clavé	Fomento caza	01-07-1904	Paseo de Gracia, nº 76 Barcelona	Barcelona	No existe oficio de fe vigencia el 09-01-1905. Tomo 3, pág. 21
Centro Instructivo Excursionista de Badalona	Antonio Casamitjana	Instructiva	20-08-1904	C/ Arnús nº 32 Badalona	Barcelona	Baja según circular del boletín de 3-10-1912. Tomo 3, pág. 25

NOMBRE	PRESIDENTE/ DIRECTOR	ACTIVIDAD A LA QUE SE DEDICA	FECHA DE INSCRIPCIÓN DE LA SOCIEDAD	POBLACIÓN	PROVINCIA	OBSERVACIONES
Foot-ball Club Vilafranca	Juan Trens	Recreativa	03-12-1904	C/ Fuente 7- Rambla de Ntra. Sra. nº 31 Villafranca	Barcelona	Disuelta 15-5-1907. Tomo 3, pág. 38
Centre Excursionista de la Comarca de Bages	José Esteve	Instructiva	12-04-1905	Plaza Constitución nº 2 2ª Manresa	Barcelona	Autorizado su funcionamiento 4 julio 1944/ (E.C. 14-04-1905 Club Alpinismo Manresano). Tomo 3, pág. 54
Real asociación de Cazadores	Jaime Canals	Fomento caza	13-05-1905	Café de Novedades- Plaza Cataluña nº 21 pral. Barcelona	Barcelona	Tomo 3, pág. 59
Sports-Egara	Miguel Serrador	Recreativo	24-05-1905	C/ San Antonio nº 36 Terrasa	Barcelona	Dada de baja S.C. del B. O. de 26-08-1910. Tomo 3, pág. 60

NOMBRE	PRESIDENTE/ DIRECTOR	ACTIVIDAD A LA QUE SE DEDICA	FECHA DE INSCRIPCIÓN DE LA SOCIEDAD	POBLACIÓN	PROVINCIA	OBSERVACIONES
Asociación de Cazadores de la Villa de Arenys de Mar	Magin Mollfulleda	Fomento caza	27-05-1905	C/ Iglesia nº 96 Arenys de Mar	Barcelona	Baja según oficio de la alcaldía 27-09-1916. Tomo 3, pág. 61
Touriste Club	Luis Ricard	Recreativa	17-06-1905	C/ Consejo de Ciento nº 295, pral. Barcelona	Barcelona	Disuelta según oficio de 28-8-1905. Tomo 3, pág. 63
Federación de Asociaciones Náuticas	Ernesto Anastasio	Defensa de intereses	04-07-1905	Paseo Isabel II nº 14 2ª Barcelona	Barcelona	Dada de baja según S.C. del B.O. el 26-08-1910. Tomo 3, pág. 66
Sportmen´s Club	Miguel Ferrer	Recreativo	25-10-1905	Rambla Principal nº 37 bajos Villanueva y Geltrú	Barcelona	Baja S.O. del alcalde 15-11-1911. Tomo 3, pág. 75
Centro Tradicionalista de Alta Montaña	Joaquim Vilaró	Recreativa y política	24-11-1905	P. de las Garzas nº 29 pral. Vich	Barcelona	Baja 29-5-1912. Tomo 3, pág. 77

NOMBRE	PRESIDENTE/ DIRECTOR	ACTIVIDAD A LA QUE SE DEDICA	FECHA DE INSCRIPCIÓN DE LA SOCIEDAD	POBLACIÓN	PROVINCIA	OBSERVACIONES
Tiro de Pichón de Barcelona	Leopoldo Gil	Lo que indica el titulo	28-12-1905	Sección Marítima del Parque Barcelona	Barcelona	Dada de baja S.C. de B.O. el 26-8-1910. Tomo 3, pág. 79
Poli-Sport-Club	Ramón F. Padró	Recreativa	20-01-1906	Paseo de Pedro III, nº 33 Manresa	Barcelona	Baja según circular del boletín de 3-10-1912. Tomo 3, pág. 81
Tiro Nacional	Manuel de Solarano	Prácticas de tiro	29-01-1906	Pasage de la Paz, nº 2 Barcelona	Barcelona	Tomo 3, pág. 82
Betulo-Sports	Enrique de la Cantera	Recreativa	29-03-1906	C/ Mar, nº 4 Badalona	Barcelona	Baja según circular del boletín 3-10-1912. Tomo 3, pág. 87
Sociedad de Cazadores de la Ciudad de Mataró y su Partido	Joaquín Esquerra	Fomento caza	10-05-1906	Muralla San Lorenzo nº 14 Mataró	Barcelona	E.C.11-5-1906 baja B.O. 2-9-1916. Tomo 3, pág. 92

NOMBRE	PRESIDENTE/ DIRECTOR	ACTIVIDAD A LA QUE SE DEDICA	FECHA DE INSCRIPCIÓN DE LA SOCIEDAD	POBLACIÓN	PROVINCIA	OBSERVACIONES
Centro de Sports	Juan Grau	Recreativa	13-06-1906	Calle de Gracia Sabadell	Barcelona	E.C. 19-12-1913. Baja según circular del boletín de 3-10-1912 alta 28-11-1912. Tomo 3, pág. 96
Real Automóvil Club de Cataluña	marqués de Marianao	Fomento automovilismo	30-06-1906	C/ Caspe, nº 24 Barcelona	Barcelona	E. C. 31-7-1906 12-5-1931 Automóvil Club de Cataluña. Tomo 3, pág. 102
Club Montanyench	Timoteo Colominas Baltasar Serradell	Excursionista	04-10-1906	C/ Gambau nº 5 y 7 pral. Barcelona	Barcelona	Tradujo el nombre (E.C. 10-12-1906) por Club Montañés. Tomo 3, pág. 108
Sport Vasco	Enrique Barril	Juego de pelota	14-11-1906	Paseo de Gracia nº 18 Café-Frontón Condal Barcelona	Barcelona	Tomo 3, pág. 112

NOMBRE	PRESIDENTE/ DIRECTOR	ACTIVIDAD A LA QUE SE DEDICA	FECHA DE INSCRIPCIÓN DE LA SOCIEDAD	POBLACIÓN	PROVINCIA	OBSERVACIONES
Centro Pajaril Barcelonés "La Primavera"	Juan Romeu	Fomento pájaros	17-11-1906	C/ Carmen, nº 36 (café) Barcelona	Barcelona	E.C. 19-11-1906. Dada de baja S.C.del B.O. 26-08-1910. Tomo 3, pág. 112
Sociedad de Cazadores de Igualada	Antonio Torrents	Fomento caza	19-11-1906	Rambla San Isidro nº 6 Igualada	Barcelona	Baja según circular del boletín de 31 agosto 1912. Tomo 3, pág. 113
Cazadores de Cataluña	Ignacio Cruells	Fomento caza	27-11-1906	Rambla Cataluña nº 4 1ª Barcelona	Barcelona	"Sociedad de Tiro de Pichón de Barcelona" (ahora). Tomo 3, pág. 114
España (Club Foot Ball)	Manuel Rosello	Sport	20-02-1907	C/ Aribau nº 47 Barcelona	Barcelona	E.C. 8-10-1913-cambia el título por el de "Gracia Futbol Club). Tomo 3, pág. 120

NOMBRE	PRESIDENTE/ DIRECTOR	ACTIVIDAD A LA QUE SE DEDICA	FECHA DE INSCRIPCIÓN DE LA SOCIEDAD	POBLACIÓN	PROVINCIA	OBSERVACIONES
"Marte" Sociedad de Cazadores de San Andrés y su Radio	Eusebio Harris	Cumplir la ley	18-04-1907	C/ Castillejos, nº 5 Barcelona	Barcelona	E.C.18-04-1907. Tomo 3, pág. 125
Centro Pajaril Barcelonés	Juan Forns	Recreo	10-05-1907	C/ Moncada, nº 14 pral. Barcelona	Barcelona	E.C. 10-05-1907. Dada de baja S.C. del B.O. 26-08-1910. Tomo 3, pág. 127
Sociedad Real Lawn Tennis del Turó	Leo Smither	Recreativa	27-07-1907	Reina Regente Casa de Lluch C/ San Gervasio, nº 27 Torrellas de Foix	Barcelona	Se modifica por Tennis Club del Turó 10-08-1931. Cambia por Real Club de Tenis del Turó autorizado su funcionamiento 14-01-1943. Tomo 3, pág. 133

NOMBRE	PRESIDENTE/ DIRECTOR	ACTIVIDAD A LA QUE SE DEDICA	FECHA DE INSCRIPCIÓN DE LA SOCIEDAD	POBLACIÓN	PROVINCIA	OBSERVACIONES
Asociación de Cazadores	Rafael Santapan	Recreativa	04-01-1908	Rambla Principal nº 108 Villanueva y Geltrú	Barcelona	(C.E. en 14-2-1908). Disuelta 24-4-1910. Tomo 3, pág. 149
Circulo Sportivo	José Ignacio Fargas	Recreativa	04-02-1908	C/ Cardedeu nº 1 1º1ª La Garriga	Barcelona	Baja según circular del boletín de 3-10-1912. Tomo 3, pág. 151
Sociedad de Cazadores "Aurora"	Pedro Salvat	Fomento sport	22-05-1908	C/ Pedregar nº 15-2ª Sabadell	Barcelona	Baja según C. del B.O. el 5-10-1912. Dada de alta nuevamente el 2-10-1916. Tomo 3, pág. 160
Vich-Sport	Manuel Sierra	Sportiva	13-07-1908	C/ Verdaguer nº 6 Vich	Barcelona	Baja según circular del boletín 3-10-1912. Tomo 3, pág. 164
Centre Colombofolic Català	Modesto Cuixart	Fomento afición colombófila	17-07-1908	C/ Arco del Teatro, nº 21 Barcelona	Barcelona	Baja acta 23-02-1921. Tomo 3, pág. 165

NOMBRE	PRESIDENTE/ DIRECTOR	ACTIVIDAD A LA QUE SE DEDICA	FECHA DE INSCRIPCIÓN DE LA SOCIEDAD	POBLACIÓN	PROVINCIA	OBSERVACIONES
Centre Excursionista del Vallés	Juan Montllor	Excursionismo	23-07-1908	C/ San Cristóbal nº 2 Sabadell	Barcelona	Tradujo el nombre (E.C. en 5-8-1908) por Centro Excursionista del Vallés. Tomo 3, pág. 166
Asociación de Locomoción Aérea	José Comas	Sportiva	04-01-1909	C/ Claris nº 102 1ª/plaza Cataluña nº 20 1ª Barcelona	Barcelona	E.C. 04-01-1904. Baja circular B.O. 25-11-1915. Tomo 3, pág. 179
Forting Club		Recreativa	04-02-1909	C/ Escudillas nº 34 bajos Barcelona	Barcelona	Dada de baja. Tomo 3, pág. 181
Lliga Sportiva	J. Adrián Pocino	Lo indica el título	03-03-1909	Torre Esmeralda (les Corts) Barcelona	Barcelona	Baja según circular del boletín de 31-8-1912. Tomo 3, pág. 185
Club Alpino Español	Marcelino Martín Arroyo	Fomento del alpinismo	15-04-1909	Pasaje del Pont de la Parra nº 5 entlo. Barcelona	Barcelona	Baja según circular 31-8-1912. Tomo 3, pág. 188

NOMBRE	PRESIDENTE/ DIRECTOR	ACTIVIDAD A LA QUE SE DEDICA	FECHA DE INSCRIPCIÓN DE LA SOCIEDAD	POBLACIÓN	PROVINCIA	OBSERVACIONES
Universitari Sport-Club	Ventosa	Fomento sport	26-04-1909	Rambla de Prat nº 3 y 5 Barcelona	Barcelona	Baja (no se ve fecha, hoja en mal estado). Tomo 3, pág. 189
Club Pista Velo de Sans	Ángel Fauro	Sportiva	26-04-1909	C/ Estrella, nº 2 (Sans) Barcelona	Barcelona	Baja según circular del boletín oficial del 31-8-1912. Tomo 3, pág. 189
Club Sportivo de Sans	Enrique Sanromán	Sportiva	26-04-1909	C/ San Jorge (Sans) Barcelona	Barcelona	Baja según circular del boletín oficial del 31-8-1912. Tomo 3, pág. 189
Juventud Aviadora	José Mª de Guillen	Sportiva	10-05-1909	C/ Aragón nº 288 1ª/Plaza del Teatro nº 6 pral. Barcelona	Barcelona	E.C. 10-05.1909. Disuelta S.C. 24-3-1911. Tomo 3, pág. 191
Fomento Pajaril de Barcelona			02-06-1909	C/ Parlamento, nº 23 Barcelona	Barcelona	E.C. 02-06-1909. Baja B.O. 25-11-1915. Tomo 3, pág. 193

NOMBRE	PRESIDENTE/ DIRECTOR	ACTIVIDAD A LA QUE SE DEDICA	FECHA DE INSCRIPCIÓN DE LA SOCIEDAD	POBLACIÓN	PROVINCIA	OBSERVACIONES
Sociedad Excursionista Científica		Recreativa	23-06-1909	C/ Estrella nº 110 Sabadell	Barcelona	Baja según circular del boletín de 3-10-1912. Tomo 3, pág. 196
Club Náutico de Barna	conde de Figols	Sport	05-10-1909	Edificio Flotante del Muelle Barcelona	Barcelona	Tomo 3, pág. 203
Aero-Club de Cataluña	marqués de Marianao	Desarrollo locomoción aérea	12-10-1909	C/ Caspe nº 24 Barcelona	Barcelona	Baja según circular B.O. 29-11-1909. Tomo 3, pág. 206
Agrupación Ciclista Catalana	José Martí	Sportiva	27-11-1909	C/ Provenza, nº 234 Barcelona	Barcelona	Baja B.O. 08-01-1923. Tomo 4, pág. 10
Juventud Excursionista Avant		Recreativa e instructiva	17-12-1909	C/ Blay, nº 37 5ª Barcelona	Barcelona	Cambia el nombre por Asociación Excursionista Avant E.C. en 24.12.1909 Juan Coma Posadas Baja B.O. 8-1-1923. Alta nuevamente. Tomo 4, pág. 16

NOMBRE	PRESIDENTE/ DIRECTOR	ACTIVIDAD A LA QUE SE DEDICA	FECHA DE INSCRIPCIÓN DE LA SOCIEDAD	POBLACIÓN	PROVINCIA	OBSERVACIONES
Català Sport Club		Desarrollo del sport	25-01-1910	C/ Xuclà, nº 15 Barcelona	Barcelona	Tradujo el nombre por el de Catalán Esport Club. Antonio Barnofa. Baja el 8-1-1923. Alta nuevamente. Tomo 4, pág. 22
Pajaril de Pueblo Nuevo		Certamen de pájaros los días de S. Pedro, 29 de junio de cada año.	01-02-1910	C/ Dos de mayo, nº 90 (Café) Barcelona	Barcelona	E.C. en 03-02-1910. Baja circular B.O. 25-11-1915. Tomo 4, pág. 24
Club Halterófilo Español		Agrupación de los aficionados al atletismo	14-02-1910	C/ Ausias Marchs, nº 23 pral. Barcelona	Barcelona	Disuelta el 15 septiembre 1911. Tomo 4, pág. 27
Federación de Clubs de Foot-ball		Propagar el juego de su nombre	26-02-1910	C/ Lauria, nº 27 bajos Barcelona	Barcelona	Cambia el título por el de Federación Catalana de Futbol Asociación. E.E 13-9-1918/30-9-1922/27-1-1923. Tomo 4, pág. 32

NOMBRE	PRESIDENTE/ DIRECTOR	ACTIVIDAD A LA QUE SE DEDICA	FECHA DE INSCRIPCIÓN DE LA SOCIEDAD	POBLACIÓN	PROVINCIA	OBSERVACIONES
Asociación de Cazadores del Penedés		Fomento de la caza	14-03-1910	C/ Sta. María nº 6 Villafranca del Penedés	Barcelona	No existe según oficio del alcalde que obra en el expediente 2274. Tomo 4, pág. 36
La Unión Sociedad de Cazadores		Sport	21-03-1910	Cornella	Barcelona	Baja B.O. 20-9-1916. Tomo 4, pág. 39
Pajaril "La Primavera"		Recreativa	30-03-1910	C/ Urgel, nº 36 2ª Manresa	Barcelona	Baja según circular del boletín de 3-10-1912. Tomo 4, pág. 41
Pajaril Sallentina		Fomento de los pájaros	07-04-1910	Sallent	Barcelona	E.C. 08-04-1910. Baja acta 16-04-1932. Tomo 4, pág. 44
Club de Natación Barcelona		Fomento de la natación	12-04-1910	C/ Muntaner nº 8 Barcelona	Barcelona	E.C.23-11-1904. Tomo 4, pág. 45

NOMBRE	PRESIDENTE/ DIRECTOR	ACTIVIDAD A LA QUE SE DEDICA	FECHA DE INSCRIPCIÓN DE LA SOCIEDAD	POBLACIÓN	PROVINCIA	OBSERVACIONES
Centro Excursionista Barcelonés		Fomento de excursiones	09-05-1910	C/ Hospital nº 97 3º Barcelona	Barcelona	Tradujo el nombre por Centro Excursionista Barcelonés. Baja el 22-7-1931. Tomo 4, pág. 53
Touring Club Ciclista		Sport	12-05-1910	Paseo Industria nº 22 Barcelona	Barcelona	Baja circular B.O 25.11.1915. Tomo 4, pág. 54
Cazadores de Escopeta y Pescadores		Velar porque se cumpla la ley de caza y pesca	09-08-1910	C/ Cantabria nº 73, 2º Gironella	Barcelona	Baja según oficio alcalde el 22-9-1916. Tomo 4, pág. 75
Centre Excursionista Tarrassa		Fomento del excursionismo	23-09-1910	C/ Norte nº 26 Tarrassa	Barcelona	Tradujo el nombre por Centro Excursionista 30-3-1932. Tomo 4, pág. 84
Club Ciclista del Nuevo Velódromo		Sportiva	24-11-1910	C/ San Jorge nº 11 (Sans) Barcelona	Barcelona	Baja acta 29-4-1922. Tomo 4, pág. 95

NOMBRE	PRESIDENTE/ DIRECTOR	ACTIVIDAD A LA QUE SE DEDICA	FECHA DE INSCRIPCIÓN DE LA SOCIEDAD	POBLACIÓN	PROVINCIA	OBSERVACIONES
Terrassa Lawn Tennis Club		Sportiva	30-01-1911	C/ Pi Margall Tarrassa	Barcelona	E.C. 30-1-1911. Baja 5-10-1916. Tomo 4, pág. 108
Manresa Foot-ball Club		Sportiva	30-01-1911	Paseo de Pedro III, nº 26 bajos Manresa	Barcelona	Baja 20-9-1916. Tomo 4, pág. 108
Sociedad Colombofólica Obrera		Propaganda de palomas mensajeras	22-02-1911	C/ Valencia, nº 109 bajos Barcelona	Barcelona	Disuelta según acta de 08-12-1913. Tomo 4, pág. 111
Club Deportivo Español		Sportiva	28-02-1911	C/ Muntaner chaflán Carretera de Sarria, nº 50 Barcelona	Barcelona	E.C.13-3-1911712-12-1913. Baja según circular B.O.1-11-1917. Alta nuevamente. Tomo 4, pág. 112
Sociedad del Caballo Nacional de Tiro Ligero Seleccionado por la Prueba		Fomento del caballo de tiro ligero	13-03-1911	C/ Puertaferrisa nº 21 Barcelona	Barcelona	Baja circular 23-11-1915. Tomo 4, pág. 112

NOMBRE	PRESIDENTE/ DIRECTOR	ACTIVIDAD A LA QUE SE DEDICA	FECHA DE INSCRIPCIÓN DE LA SOCIEDAD	POBLACIÓN	PROVINCIA	OBSERVACIONES
Barcelona Jockey Club		Sportiva	26-04-1911	C/ Caspe, nº 36 Barcelona	Barcelona	Baja circular B.O.25-11-1915. Tomo 4, pág. 119
(Foot-ball Club Continental) Gimnástico sportsmen´s Club		Sportiva	28-04-1911	C/ Salmerón nº 63 Barcelona	Barcelona	E. C. 29-4-1911. Baja circular B.O. 25-11-1915. Tomo 4, pág. 119
Villanueva Sport Club		Sportiva	19-06-1911	Rambla nº 25 Villanueva y Geltrú	Barcelona	Baja el 25-10-1916. Tomo 4, pág. 125
Catalonia Sport Club		Sportiva	21-08-1911	C/ Canal nº 26 Manresa	Barcelona	E.C. 21-8-1911. Baja B.O.20.9.1916. Tomo 4, pág. 134
Sabadell Foot ball Club		Sportiva	02-11-1911	C/ Vedrega nº 17 Sabadell	Barcelona	E.C. 4-1-1912. Tomo 4, pág. 145
Neu Catalonia J.B.C.		Deportiva	07-11-1911	Carretera de les Corts, nº 4 Barcelona	Barcelona	E.C. 13-11-1911. Baja según circular el 1-11-1912. Tomo 4, pág. 143

NOMBRE	PRESIDENTE/ DIRECTOR	ACTIVIDAD A LA QUE SE DEDICA	FECHA DE INSCRIPCIÓN DE LA SOCIEDAD	POBLACIÓN	PROVINCIA	OBSERVACIONES
Cataluña Sporting Club		Deportiva	09-11-1911	C/ Valencia nº 233, pral.1ª Barcelona	Barcelona	E.C. 12-12-1912/ 6-8-1920. Baja 8-1-1923. Tomo 4, pág. 143
Foot ball Club Badalona		Sportiva	22-11-1911	C/ Real, nº 90 Badalona	Barcelona	E.C. 23-11-1911/17-10-1913/E.C.16-04-1928. Tomo 4, pág. 144
Agrupación Excursionista "Bon Temps"		Sportiva-recreativa	28-11-1911	C/ Andrés, nº 146 Barcelona	Barcelona	E.C.6-12-1911. Baja según circular B. O.1-1-11-1917. Tomo 4, pág. 144
Centro Excursionista de Vich		Excursiones	01-12-1911	Plaza Vieja Vich	Barcelona	E.C. 6-12-1911. Tomo 4, pág. 145
Tiro Nacional		Afición al tiro	16-12-1911	C/ Santo Domingo, nº 1, 3º1ª Manresa	Barcelona	Baja B.O. 20-09-1911. Tomo 4, pág. 146
Sabadell Lavon Tennis Club		Sport	04-01-1912	C/ Víctor Balaguer Sabadell	Barcelona	Baja 5-10-1916. Tomo 4, pág. 148

NOMBRE	PRESIDENTE/ DIRECTOR	ACTIVIDAD A LA QUE SE DEDICA	FECHA DE INSCRIPCIÓN DE LA SOCIEDAD	POBLACIÓN	PROVINCIA	OBSERVACIONES
Club Deportivo Júpiter		Deportiva	16-01-1912	C/ Taulat nº 139 y 233 Barcelona	Barcelona	E.C. 7-10-1912/27-10-1916. Tomo 4, pág. 149
Casual Foot ball Club		Sportiva	19-02-1912	Rambla del Prat, nº 2 Barcelona	Barcelona	E.C.19-2-1912. Baja circular B.O. 25-11-1915. Tomo 4, pág. 152
Federación de Sociedades Deportivas		Deport	26-02-1912	Plaza Cataluña, nº 21 pral. Barcelona	Barcelona	Baja 8-1-1929. Tomo 4, pág. 153
Foot ball Club Internacional		Sportiva	06-03-1912	C/ Provenza esquina Urgel Barcelona	Barcelona	E.C.29.12.1913 Cambio el nombre por el de "Unión Sportiva de Sans" E.C. 26-6-1922. Tomo 4, pág. 155
Auto Sport Club		Sportiva	01-05-1912	C/ Aragón nº 282, bajos Barcelona	Barcelona	E.C.1-5-1912. Baja circular B.O. 25-11-1913. Tomo 4, pág. 162

NOMBRE	PRESIDENTE/ DIRECTOR	ACTIVIDAD A LA QUE SE DEDICA	FECHA DE INSCRIPCIÓN DE LA SOCIEDAD	POBLACIÓN	PROVINCIA	OBSERVACIONES
Barcelona Club		Sportiva	05-07-1912	Plaza del teatro nº 2 ent. Barcelona	Barcelona	E.C. 5-7-1912/30-11-1916. Baja 8-9-1924. Tomo 4, pág. 169
Real Polo Jockey Club		Sportiva	07-07-1912	C/ Caspe nº 56 Barcelona	Barcelona	Cambia por Real Club de Polo de Barcelona. Autorizado su funcionamiento el 22-1-1944. Tomo 4, pág. 170
Barcelona Golf Club		Sportiva	07-08-1912	Carretera de Esplugues, Casa Vidal Pedralbes Sarriá	Barcelona	Baja B.O. 5-10-1916. Alta nuevamente 7-2-1917. Tomo 4, pág. 171
Betulo Foot-ball Club		Sportiva	06-09-1912	Calle Real nº 145, 2ª Badalona	Barcelona	E.C.23-11-1916. Baja 26-8-1924. Tomo 4, pág. 175
Arges Sport Club		Fomentar los deportes	02-10-1912	C/ Córcega nº 223 Barcelona	Barcelona	E.C. 06-11-1916. Baja B.O. 8-1-1927. Tomo 4, pág. 179

NOMBRE	PRESIDENTE/ DIRECTOR	ACTIVIDAD A LA QUE SE DEDICA	FECHA DE INSCRIPCIÓN DE LA SOCIEDAD	POBLACIÓN	PROVINCIA	OBSERVACIONES
Club Deportivo Europa		Deportivo	17-10-1912	C/ Sicilia nº 290 Barcelona	Barcelona	11-7-1931 Cataluña Futbol Club E.C.15-10-1912. Baja según circular B.O. 1-11-1912. Alta nuevamente. Tomo 4, pág. 180
Gladiator Sport Club		Deportivo	28-10-1912	C/ Galileo (Campo de foot ball) Barcelona	Barcelona	E.C. 30-10-1912/12-12-1913. Baja según circular B.O. 1-11-1917. Tomo 4, pág. 181
Club Deportivo Mercuri		Deportivo	28-10-1912	Avda. República Argentina, nº 283 Barcelona	Barcelona	E.C. 26-11-1912/ 4-11-1913. Baja según circular B.O. 1-11-1917. Tomo 4, pág. 181
Unión Deportiva Barcelonesa		Deportiva	12-12-1912	C/ Lauria nº 15 pral. Barcelona	Barcelona	E.C.12-12-1912. Baja según circular B.O. 1-11-1917. Tomo 4, pág. 186

NOMBRE	PRESIDENTE/ DIRECTOR	ACTIVIDAD A LA QUE SE DEDICA	FECHA DE INSCRIPCIÓN DE LA SOCIEDAD	POBLACIÓN	PROVINCIA	OBSERVACIONES
Club Náutico Barcino		Sportiva	02-01-1913	C/ Tallers nº 49 Barcelona	Barcelona	Baja según circular B.O. 1-11-1917. Tomo 4, pág. 190
Representación Local del Tiro Nacional		Sportiva	09-01-1913	Mataró	Barcelona	E.C.9-1-1912. Baja B.O. 26-8-1924. Tomo 4, pág. 190
Piscis Sporting Club		Sportiva	16-01-1913	Rambla del Prat nº 19 4ª Barcelona	Barcelona	Baja según circular B.O. 1-11-1917. Tomo 4, pág. 192
Foot-ball Club Numancia		Sportiva	08-02-1913	C/ Mariano Cubi (Torre de las campanas) Barcelona	Barcelona	E.C. 10-2-1913. Disuelta el 13-8-1914. Tomo 4, pág. 197
Club Franco-Español		Recreativa	15-02-1913	Plaza Real nº 3, pral. Barcelona	Barcelona	E.C. 17.2.1913. Disuelta el 20-6-1913. Tomo 4, pág. 199
Representación Local de Tiro Nacional de Villafranca del Penedés		Sportiva	20-02-1913	Casas Consistoriales Villafranca del Penedés	Barcelona	Baja el 5-10-1916. Tomo 4, pág. 200

NOMBRE	PRESIDENTE/ DIRECTOR	ACTIVIDAD A LA QUE SE DEDICA	FECHA DE INSCRIPCIÓN DE LA SOCIEDAD	POBLACIÓN	PROVINCIA	OBSERVACIONES
Club Ciclista Penedés		Sportiva	01-04-1913	C/ San Juan nº 5 Villafranca del Penedés	Barcelona	Baja 29-4-1925. Tomo 4, pág. 204
Tarrasa Foot-ball Club		Sportiva	05-04-1913	C/ Pi y Margall Tarrassa	Barcelona	E.C. 7-4-1913. Baja 5-10-1916. Tomo 4, pág. 205
Park Coliseo		Sportiva	17-04-1913	C/ Muntaner nº 92 Barcelona	Barcelona	E.C. 19-4-1913. Disuelta 13-9-1914. Tomo 4, pág. 208
Golden Lion Racing Club		Sportiva	17-04-1913	Edificio flotante del R.C. Náutico Barcelona	Barcelona	Baja según circular B.O. 1-11-1917. Tomo 4, pág. 208
Sailing Jacht Club		Sportiva	17-04-1913	Edificio flotante del R.C. Náutico Barcelona	Barcelona	Baja según circular B.O. 1-11-1917. Tomo 4, pág. 208
Club Pugilista		Sportiva	14-05-1913	C/ Aribau, nº 21 Barcelona	Barcelona	Baja según circular B.O. 1-11-1917. Tomo 4, pág. 210
Athletic (Club Natación)		Sportiva	06-06-1913	Baños orientales Barcelona	Barcelona	Autorizado su funcionamiento. Tomo 4, pág. 215

NOMBRE	PRESIDENTE/ DIRECTOR	ACTIVIDAD A LA QUE SE DEDICA	FECHA DE INSCRIPCIÓN DE LA SOCIEDAD	POBLACIÓN	PROVINCIA	OBSERVACIONES
Universitary Sporting Club		Deportiva	07-07-1913	C/ Córcega (entre Casanovas y Villarroel) Barcelona	Barcelona	Baja según circular del B.O. 1-11-1917. Tomo 4, pág. 222
Lawn Tennis Club de Horta		Deportiva	10-07-1913	Terrenos Campoamor Barcelona	Barcelona	E.C. 10-7-1913. Baja decreto 25 enero de 1941. Tomo 4, pág. 222
Club Deportivo Minas		Esportiva	11-09-1913	C/ Las Minas Figols	Barcelona	Baja B.O.1-11-1917. Tomo 4, pág. 231
Alianza (Sdad. de Cazadores)		Sportiva	07-10-1913	Calle Real nº 36 (Café) Badalona	Barcelona	E.C.10-10-1913. Baja según acta fecha 10-11-1915. Tomo 4, pág. 233
Asociación de Esgrima de Barcelona		Sportiva	03-01-1914	Plaza Cataluña, nº 14 Barcelona	Barcelona	E.C. 7-1-1914. Cambió título el 22-07-1914. Tomo 4, pág. 242

NOMBRE	PRESIDENTE/ DIRECTOR	ACTIVIDAD A LA QUE SE DEDICA	FECHA DE INSCRIPCIÓN DE LA SOCIEDAD	POBLACIÓN	PROVINCIA	OBSERVACIONES
Sporting-Club-Sans		Sportiva	03-02-1914	C/ Vilamari, nº 57 2ª Barcelona	Barcelona	E.C. 6-2-1914. Baja según circular B.O. 1-11-1917. Tomo 4, pág. 245
Sportiva Pompeya		Sportiva	16-02-1914	C/ Arguelles nº 450 Barcelona	Barcelona	Autorizado su funcionamiento. Cambia el título por el de Real Sociedad Sportiva Pompeya/ cambia por "Sociedad Sportiva Pompeya" 6-8-1931- Real Sociedad de Tenis Pompeya 14-6-1940. Tomo 4, pág. 247
Asociación de Lawnn-Tenis de Cataluña		Recreativa	21-02-1914	Rambla Cataluña nº 39 Barcelona	Barcelona	E.C. 28-2-1914. Tomo 4, pág. 248

NOMBRE	PRESIDENTE/ DIRECTOR	ACTIVIDAD A LA QUE SE DEDICA	FECHA DE INSCRIPCIÓN DE LA SOCIEDAD	POBLACIÓN	PROVINCIA	OBSERVACIONES
"L´avenç del Sport"		Sportiva	21-03-1914	C/ San Andrés nº 175 Barcelona	Barcelona	E.C. 7 -3-1914. Baja oficio alcaldía 8-4-1925. Tradujo el título por es de Foot-ball Club Avenç del Sport. Cambia el nombre por el de Unión Sportiva de S. Andrés. Tomo 4, pág. 249
Centre de Sports Martinenc		Destinado a la propaganda de diferentes deportes	30-03-1914	C/ Mayor del Clot, nº 33 bajos Barcelona	Barcelona	Cambia el título por el de F.C. Martinenc. Traduce el nombre por F. C. Martinense E.C.5-12-1920. Tomo 4, pág. 251

NOMBRE	PRESIDENTE/ DIRECTOR	ACTIVIDAD A LA QUE SE DEDICA	FECHA DE INSCRIPCIÓN DE LA SOCIEDAD	POBLACIÓN	PROVINCIA	OBSERVACIONES
Moto Club Deportivo		Deportiva	01-04-1914	C/ Aragón nº 224 Barcelona	Barcelona	Cambió título por "Real Moto Club Cataluña". Cambia el 21 abril "Moto Club Catalunya. Tomo 4, pág. 252"
Joung S. Club		Para fomentar el sport	20-04-1914	C/ Industria nº 26 Sabadell	Barcelona	Baja B.O.26-8-1924. Tomo 4, pág. 254
Sbart Foot Vall Club		Sportiva	05-06-1914	S. Ginés Vilasar	Barcelona	Baja oficio alcaldía 25-5-1925. Tomo 4, pág. 264
Velo-Pista Balmes		Esportiva	24-06-1914	C/ Balmes nº 92-94 Barcelona	Barcelona	Baja según circular B.O. 1-11-1917. Tomo 4, pág. 269
Club Deportivo de la Colonia Sedo		Deportiva	22-08-1914	C/ San Luis nº 10 Esparraguera	Barcelona	Baja oficio alcaldía 27-8-1924. Tomo 4, pág. 285
Racing Club		Esportiva	31-08-1914	Baños públicos Vilasar de Mar	Barcelona	E.C. 15-1-1916. Baja oficio alcaldía 5-5-1925. Tomo 4, pág. 286

NOMBRE	PRESIDENTE/ DIRECTOR	ACTIVIDAD A LA QUE SE DEDICA	FECHA DE INSCRIPCIÓN DE LA SOCIEDAD	POBLACIÓN	PROVINCIA	OBSERVACIONES
Pescadores de Caña		Sport	05-09-1914	C/ San Bernardino nº 10 Manlleu	Barcelona	Baja acta 3-11-1923. Tomo 4, pág. 287
Lawn Tenis Club		Deportiva	05-09-1914	Pº Roca i Pi, nº 25 Badalona	Barcelona	Baja oficio alcaldía 1-7-1925. Tomo 4, pág. 288
Hípico Sport		Deportiva	05-09-1914	C/ Aribau, nº 51 Barcelona	Barcelona	E.C.05-09-1914. Tomo 4, pág. 288
Imperial Park		Deportiva	03-10-1914	C/ Poniente, nº 68 Barcelona	Barcelona	Baja B.O. 1-11-1917. Tomo 4, pág. 292
Fomento Recreativo de Pescadores de Manlleu		Recreativa	20-10-1914	C/ Fuente, nº 8 Manlleu	Barcelona	Baja acta 3-11-1923. Tomo 4, pág. 297
Acotado S. Juan Despí		Sportiva	20-11-1914	C/ Rivas, nº 8 S. Juan Despí	Barcelona	Baja B.O. 26-8-1924. Tomo 4, pág. 301
Exploradoras de España		Esportiva	02-12-1914	C/ Ginebra, nº 47 1º Barcelona	Barcelona	E.C. 27-5-1915. E.C.-8-1921. Nulo por duplicado. Tomo 4, pág. 301

NOMBRE	PRESIDENTE/ DIRECTOR	ACTIVIDAD A LA QUE SE DEDICA	FECHA DE INSCRIPCIÓN DE LA SOCIEDAD	POBLACIÓN	PROVINCIA	OBSERVACIONES
Hípica del Penedés		Sportiva	10-02-1915	C/ Picadero Villafranca del Penedés	Barcelona	Baja oficio alcaldía 29-4-1925. Tomo 4, pág. 309
"Bon Apreu"		Excursionista	31-03-1915	C/ Salmerón nº 27-29 Barcelona	Barcelona	Baja según acta 12-12-1915. Tomo 4, pág. 314
Sport Moderno		Recreativa	31-03-1915	C/ Valencia nº 379 Barcelona	Barcelona	Baja B.O. 8-1-1923. Tomo 4, pág. 314
Asociación de Cazadores del Penedés		Sportiva	20-04-1915	Rambla San Francisco nº 41 1ª Villafranca del Penedés	Barcelona	Baja acta 20-2-1935. Tomo 4, pág. 316
Grup Excursionista Montseny		Deportiva	29-07-1915	C/ Sta. Magdalena nº 7 Barcelona	Barcelona	Cambia el título por el de Centre Excursionista Montseny. Tomo 4, pág. 332
Asociación de Caza y Pesca de Cardona y su Comarca		Deportiva	27-08-1915	Plaza Constitución nº 5 Cardona	Barcelona	E.C. 30-8-1915. Baja oficio alcaldía 27-2-1925. Tomo 4, pág. 337

NOMBRE	PRESIDENTE/ DIRECTOR	ACTIVIDAD A LA QUE SE DEDICA	FECHA DE INSCRIPCIÓN DE LA SOCIEDAD	POBLACIÓN	PROVINCIA	OBSERVACIONES
Fémina Natación Club		Deportiva	28-08-1915	Baños San Sebastián Barcelona	Barcelona	Baja B.O. 8-1-1923. Tomo 4, pág. 338
Turismo Barcelonés		Sportiva	06-09-1915	Plaza Santa Ana, nº 4 Barcelona	Barcelona	Tomo 4, pág. 339
Grupo Deportivo del Club Velocipédico Regional		Deportiva	07-09-1915	Plaza del Teatro nº 2, pral. Barcelona	Barcelona	Baja B.O. 8-1-1923. Tomo 4, pág. 340
Lawn Tennis		Sportiva	18-10-1915	Paseo Alameda Igualada	Barcelona	Baja oficio alcaldía 7-4-1925. Tomo 4, pág. 346
Centro de Sports de Sans		Sportiva	22-10-1915	Sans Barcelona	Barcelona	E.C. 22-10-1915. Baja acta 29-12-1922). Tomo 4, pág. 347
Filipinas Club		Sport	29-10-1915	C/ Valencia nº 290 Barcelona	Barcelona	E.C. 2-11-1915. Baja según acta 20-9-1916. Tomo 4, pág. 348

NOMBRE	PRESIDENTE/ DIRECTOR	ACTIVIDAD A LA QUE SE DEDICA	FECHA DE INSCRIPCIÓN DE LA SOCIEDAD	POBLACIÓN	PROVINCIA	OBSERVACIONES
Kursaal Skating Hokey Club		Deportiva	14-02-1916	Rambla Cataluña nº 55 Barcelona	Barcelona	Baja B.O. y petición 8-1-1919. Tomo 4, pág. 371
Sport Club		Deportiva	09-06-1916	Montserrat sin Caldes de Montbuy	Barcelona	E.C. 16-6.1916. Tomo 4, pág. 395
Casino Sport		Recreativa	01-07-1916	C/ Unión nº 15, pral. Barcelona	Barcelona	Clausurada suspendida. Tomo 4, pág. 398
Unión Velocipédica Española		Sportiva	27-07-1916	Plaza Tetuán nº 36 Barcelona	Barcelona	E.C. 18--6-1920. Baja acta 26-11-1924. Tomo 4, pág. 402
Real Federación Atlética Catalana		Sportiva	27-07-1916	C/ Pelayo, nº 8 Barcelona	Barcelona	Baja B.O. y petición 8-1-1923. Tomo 4, pág. 402
Sociedad Cazadores		Sportiva	16-08-1916	Pl. Constitución, nº 1 Alella	Barcelona	Baja B.O. 26-8-1924. Tomo 4, pág. 403
Skating-Ring		Sportiva	23-08-1916	C/ Iglesia Calella	Barcelona	Baja oficio alcaldía 29-4-1925. Tomo 4, pág. 404

NOMBRE	PRESIDENTE/ DIRECTOR	ACTIVIDAD A LA QUE SE DEDICA	FECHA DE INSCRIPCIÓN DE LA SOCIEDAD	POBLACIÓN	PROVINCIA	OBSERVACIONES
Sport Ciclista Andresense		Sportiva	28-08-1916	C/ Idelfonso, nº 7 Barcelona	Barcelona	Tomo 4, pág. 405
Canadiense Football Club		Sportiva	20-09-1916	C/ Córcega Barcelona	Barcelona	Baja según petición y B.O. 08.1.1923. Tomo 4, pág. 407
Stadium Sporting Club		Sportiva	20-09-1916	C/ Carders, nº 18-20 Barcelona	Barcelona	Baja según petición y B.O. 08.1.1923. Tomo 4, pág. 407
Club Natació Sabadell		Sportiva	20-09-1916	Paseo de la Rambla Sabadell	Barcelona	Tradujo el nombre por Club Natación Sabadell, autorizada el 14-2-1940. Tomo 4, pág. 407
Granollers Football Club		Sportiva	04-10-1916	Plaza del ¿?, nº 46 Granollers	Barcelona	E.C. 4-10-1916. Baja oficio alcaldía 27-3-1925. Tomo 4, pág. 409

NOMBRE	PRESIDENTE/ DIRECTOR	ACTIVIDAD A LA QUE SE DEDICA	FECHA DE INSCRIPCIÓN DE LA SOCIEDAD	POBLACIÓN	PROVINCIA	OBSERVACIONES
Igualada Foot ball Club		Sportiva	04-10-1916	Campo de deportes Carretera Real Igualada	Barcelona	E.C. 4-10-1916. Baja oficio alcaldía 7-4-1925. Tomo 4, pág. 409
Torelló Foot ball Club		Sportiva	04-10-1916	Torelló	Barcelona	E.C. 4-10-1916. Baja B.O. 26-8-1925. Tomo 4, pág. 409
Hospitalet Foot ball Club		Sportiva	04-10-1916	Hospitalet	Barcelona	E.C. 4-10-1916. Baja B.O. 26-8-1925. Tomo 4, pág. 409
Calella Foot ball Club		Sportiva	04-10-1916	Campo de deportes Calella	Barcelona	E.C. 4-10-1916. Baja B.O. 26-8-1925. Tomo 4, pág. 410
Racing Foot ball Club		Sportiva	04-10-1916	Campo de deportes Sitges	Barcelona	E.C. 4-10-1916. Baja oficio alcaldía 15-5-1925. Tomo 4, pág. 410

NOMBRE	PRESIDENTE/ DIRECTOR	ACTIVIDAD A LA QUE SE DEDICA	FECHA DE INSCRIPCIÓN DE LA SOCIEDAD	POBLACIÓN	PROVINCIA	OBSERVACIONES
Clementino Foot ball Club		Sportiva	04-10-1916	Campo de deportes S. Clemente Llobregat	Barcelona	E.C. 4-10-1916. Baja B.O. 26-8-1924. Tomo 4, pág. 410
Atletic Club		Sportiva	04-10-1916	Campo de deportes Sitges	Barcelona	E.C. 4-10-1916. Baja oficio alcaldía 15-5-1925. Tomo 4, pág. 410
Centre de Sport Sentmanatenc		Sportiva	04-10-1916	Campo de deportes Sentmenat	Barcelona	E.C. 4-10-1916 E.C.11-5-1923. Baja B.O. 26-8-1924. Tomo 4, pág. 410
Arenyense Foot ball Club		Sportiva	04-10-1916	Campo de deportes Arenys de mar	Barcelona	E.C. 4-10-1916. Baja oficio alcalde 10-9-1924. Tomo 4, pág. 410
Cardedeu Foot ball Club		Sportiva	04-10-1916	Campo de deportes Cardedeu	Barcelona	E.C. 4-10-1916. Baja oficio alcalde 21-2-1925. Tomo 4, pág. 410

NOMBRE	PRESIDENTE/ DIRECTOR	ACTIVIDAD A LA QUE SE DEDICA	FECHA DE INSCRIPCIÓN DE LA SOCIEDAD	POBLACIÓN	PROVINCIA	OBSERVACIONES
Velo Sport Sans		Sportiva	12-10-1916	Barcelona	Barcelona	E.C.12-10-1916. Baja acta 29-4-1922. Tomo 4, pág. 412
Universal Foot ball Club		Sportiva	08-11-1916	C/ Florida Blanca, nº 114 2ª Barcelona	Barcelona	E.C.10-11-1916. Baja B.O. y petición 8-1-1923. Tomo 4, pág. 416
Foot ball Club Samboya		Sportiva	10-11-1916	Rambla Casanovas, nº 2 San Baudilio de Llobregat	Barcelona	E.C. 10-11-1916. Tomo 4, pág. 416
Federación Catalana de Clubs de Foot ball		Sportiva	16-11-1916	C/ Arcs, nº 3 pral. Barcelona	Barcelona	Tomo 4, pág. 418
Atletic Sporting Club (Casa de Familia)		Sportiva	24-11-1916	C/ Carmen, nº 46 Barcelona	Barcelona	E.C.28-11-1916. Baja B.O. 8-1-1923. Tomo 4, pág. 420
Mutua de Palomistas		Sportiva	30-11-1916	C/ Montcada nº 26 Barcelona	Barcelona	E.C. 30-11-1916. Baja B.O. y petición 8-1-1923. Tomo 4, pág. 420

NOMBRE	PRESIDENTE/ DIRECTOR	ACTIVIDAD A LA QUE SE DEDICA	FECHA DE INSCRIPCIÓN DE LA SOCIEDAD	POBLACIÓN	PROVINCIA	OBSERVACIONES
Club Foot ball Andresense		Sportiva	13-12-1916	C/ San Idelfonso, nº 7 Barcelona	Barcelona	E.C. 13-12-1916. Tomo 4, pág. 422
Club Náutico Condal		Sportiva	18-12-1916	C/ Méndez Núñez, nº 8 Barcelona	Barcelona	Baja B.O. y petición 8-1-1923. Tomo 4, pág. 424
Real Aero Club de Cataluña		Sportiva	27-12-1916	Ronda San Pedro, nº 2 Barcelona	Barcelona	Tomo 4, pág. 426
Club de Tiro de Pichón		Sportiva	29-12-1916	Casino Colón Caldes de Estrach	Barcelona	Baja oficio alcaldía 21-2-1925. Tomo 4, pág. 426
Foot-ball-Club Martinense		Sportiva	12-01-1917	C/ Industria nº 530 Barcelona	Barcelona	E.C. 12-1-1917 se fusionó con el Centro de Sport Martinense nº 7821. Tomo 4, pág. 428
Internacional Sporting Club		Sportiva	19-01-1917	Rambla Centro nº 34 Barcelona	Barcelona	E.C.22-1-1917 E.C. 24-4-1919 E.C. 19-2-1920 baja oficio alcalde 24-5-1927 Tomo 4, pág. 430

NOMBRE	PRESIDENTE/ DIRECTOR	ACTIVIDAD A LA QUE SE DEDICA	FECHA DE INSCRIPCIÓN DE LA SOCIEDAD	POBLACIÓN	PROVINCIA	OBSERVACIONES
Peña ciclista Victoria		Sportiva	10-03-1917	C/ ¿?, nº 14 Barcelona	Barcelona	Baja B.O. y petición 8-1-1923. Tomo 4, pág. 435
Club Barcelonés		Recreativa	03-04-1917	C/ Nueva San Francisco nº 11-13 Barcelona	Barcelona	Baja B.O. y petición 8-1-1923. Tomo 4, pág. 441
Foot-ball Club Siglo		Sportiva	10-04-1917	C/ Industria, nº 174 Barcelona	Barcelona	E.C. 23-6-1917. Disuelta según acta fecha 5-2-1923. Tomo 4, pág. 442
Sociedad de Carreras de Caballos		Sportiva	18-04-1917	Pso. Gracia, nº 32 Barcelona	Barcelona	3-21-1932. Baja según acta de 30-12-1931. Tomo 4, pág. 444
Betulo Sports		Sportiva	07-05-1917	Plaza del Duque de la Victoria, nº 4 Badalona	Barcelona	Baja B.O. 26-8-1924. Tomo 4, pág. 445
El Ruiseñor		Sportiva	19-05-1917	C/ San Jaime, nº 5 Igualada	Barcelona	E.C. 19-5-1917. Baja oficio alcaldía 7-4-1925. Tomo 4, pág. 447

NOMBRE	PRESIDENTE/ DIRECTOR	ACTIVIDAD A LA QUE SE DEDICA	FECHA DE INSCRIPCIÓN DE LA SOCIEDAD	POBLACIÓN	PROVINCIA	OBSERVACIONES
Vilanova Foot ball Club		Sportiva	24-05-1917	Rambla Ventosa, nº 25 Villanueva y Geltrú	Barcelona	E.C. 22-5-1917. Baja B.O. 26-8-1924. Tomo 4, pág. 447
Los Exploradores de España		Sportiva	26-05-1917	C/ Escudillas Blanchs, nº 18 Barcelona	Barcelona	E.C. 31-12-1920. Tomo 4, pág. 447
Centre d´Sport Sentmanatenc		Sportiva	05-06-1917	Sentmenat	Barcelona	E.C. 5-6-191. Baja oficio policía 30-08-1926. Tomo 4, pág. 449
Mundial Sportivo		Sportiva	09-08-1917	Rambla Centro nº 34 1º Barcelona	Barcelona	E.C. 9-8-1917 E.C. 10-2-1920. Baja oficio policía 30-8-1926. Tomo 4, pág. 458
Foot-ball Club Vilafranca		Sportiva	26-09-1917	Villafranca del Penedés	Barcelona	E.C. 26-9-1917 autorizado su funcionamiento. Tomo 4, pág. 461
Sport Club Granollers		Sportiva	27-09-1917	C/ Palma, nº 17 Granollers	Barcelona	E.C. 28-9-1917. Tomo 4, pág. 462

NOMBRE	PRESIDENTE/ DIRECTOR	ACTIVIDAD A LA QUE SE DEDICA	FECHA DE INSCRIPCIÓN DE LA SOCIEDAD	POBLACIÓN	PROVINCIA	OBSERVACIONES
Atletic Club de Sitges		Sportiva	10-10-1917	C/ Carretera, nº 15 Sitges	Barcelona	E.C. 10-10-1917. Baja oficio alcaldía 15-5-1925. Tomo 4, pág. 464
Centro de Sports Rubí F.C.		Sportiva	12-10-1917	P. Alfonso Sala nº 5 y 5 Rubí	Barcelona	E.C. 12-10-1917. Tomo 4, pág. 464
Ateneo Fénix		Cultural	19-10-1917	C/ Ataulfo, nº 7 Barcelona	Barcelona	Cambia el título por "Logia Tennis". Tomo 4, pág. 465
El Peñasco Motorista		Sportiva	30-10-1917	C/ C. Ciento nº 297 Barcelona	Barcelona	Baja B.O. 8-1-1923. Tomo 4, pág. 466
Sport Club Hospitalench		Sportiva	10.11-1917	Carretera Hospitalet Llobregat	Barcelona	E.C.10-11-1917. Baja b.o. 26-8-1925. Tomo 4, pág. 468
Club Ciclista Granollers		Sportivo	14-11-1917	Granollers	Barcelona	Baja 29-9-1923. Tomo 4, pág. 469
Centro Excursionista Cultural Barcelona		Cultural	14-11-1917	C/ Dos de mayo, nº 263 Barcelona	Barcelona	Baja oficio de policía 26-8-1926. Tomo 4, pág. 469

NOMBRE	PRESIDENTE/ DIRECTOR	ACTIVIDAD A LA QUE SE DEDICA	FECHA DE INSCRIPCIÓN DE LA SOCIEDAD	POBLACIÓN	PROVINCIA	OBSERVACIONES
Foot ball Club Sanfelinense		Sportiva	22-11-1917	C/ Laureano, nº 176 San Feliu de Llobregat	Barcelona	E.C. 1-12-1917. Tomo 4, pág. 470
Lavon Tennis Club		Sportiva	07-12-1917	Mataró	Barcelona	Tomo 4, pág. 473
Terrassa Foot ball Club		Sportiva	13-12-1917	C/ Pi i Margall Terrasa	Barcelona	Tomo 4, pág. 474
Cataluña Atletic Club		Sportiva	28-12-1917	C/ Trafalgar, nº 78 Barcelona	Barcelona	Baja 8-1-1923. Tomo 4, pág. 476
Agrupación Ciclista Montjuich		Sportiva	16-02-1918	C/ Blay, nº 56 Barcelona	Barcelona	E.C.14-12-1921. Tomo 4, pág. 482
Agrupación Atletico Excursionista		Sportiva	03-04-1918	Rambla del Prat Barcelona	Barcelona	Baja B.O. y petición 08-01-1923. Tomo 5, pág. 6
London Bank Sport Club		Sportiva	06-04-1918	Paseo de Gracia, nº 8 y 10 Barcelona	Barcelona	E.C. 06-04-1918. Baja oficio policía 27-09-1926. Tomo 5, pág. 6

NOMBRE	PRESIDENTE/ DIRECTOR	ACTIVIDAD A LA QUE SE DEDICA	FECHA DE INSCRIPCIÓN DE LA SOCIEDAD	POBLACIÓN	PROVINCIA	OBSERVACIONES
Agrupación Excursionista Catalunya		Sportiva	29-04-1918	C/ S. Honorato, nº 1, pral. Barcelona	Barcelona	Tradujo su nombre por Agrupación Excursionista Catalunya. Tomo 5, pág. 8
Círculo Sport		Recreativa	29-04-1918	C/ Guijos, nº 3 Barcelona	Barcelona	Baja oficio policía 26-08-1926. Tomo 5, pág. 9
"Sociedad Pajaril"		Sportiva	15-05-1918	Barcelona	Barcelona	Baja 26-08-1926. Tomo 5, pág. 12
Fomento de Caza		Sportiva	27-05-1918	C/ Cardona, nº 39 Vich	Barcelona	Tomo 5, pág. 13
Club Deportivo Hortense		Sportiva	13-06-1918	Barcelona	Barcelona	Baja B.O. y policía 08-01-1923. Tomo 5, pág. 17
Avenc Foot-ball Club		Sportiva	16-09-1918	Llobregat (Casa de campo) Esplugues de Llobregat	Barcelona	Baja B.O. 26-08-1925. Tomo 5, pág. 28
España Industrial Foot-ball-club		Sportiva	20-09-1918	C/ Hospital, nº 116 Barcelona	Barcelona	Baja B.O. y policía 08-01-1923. Tomo 5, pág. 28

NOMBRE	PRESIDENTE/ DIRECTOR	ACTIVIDAD A LA QUE SE DEDICA	FECHA DE INSCRIPCIÓN DE LA SOCIEDAD	POBLACIÓN	PROVINCIA	OBSERVACIONES
Cornella Foot ball		Sportiva	26-09-1918	Cornella	Barcelona	E.C. 26-09-1918. Baja oficio alcaldía 27-08-1924. Tomo 5, pág. 29
Els Bons Amics (Grupo Excursionista)		Sportiva	10-12-1918	C/ Internacional, nº 50 Barcelona	Barcelona	Baja B.O. y policía 08-01-1923. Tomo 5, pág. 37
Agrupación Ciclista Pueblo Nuevo		Sportiva	11-12-1918	C/ Pallars, nº 226 Barcelona	Barcelona	Baja B.O. y policía 08-01-1923. Tomo 5, pág. 37
Centre de Sports		Sportiva	13-12-1918	Rambla S. Isidro, nº 18 Igualada	Barcelona	Baja oficio alcaldía 07-04-1925. Tomo 5, pág. 38
"Diana" Cazadores		Sportiva	13-12-1918	C/ Paje, nº 14 Terrassa	Barcelona	Tomo 5, pág. 38
Grupo Excursionista Catalunya		Sportiva	04-01-1919	C/ Jaume Giralt, nº 4 Barcelona	Barcelona	Cambia el nombre por el de Barcelona Excursionista. Tomo 5, pág. 41.

NOMBRE	PRESIDENTE/ DIRECTOR	ACTIVIDAD A LA QUE SE DEDICA	FECHA DE INSCRIPCIÓN DE LA SOCIEDAD	POBLACIÓN	PROVINCIA	OBSERVACIONES
Agrupación Catalana de Corredores Ciclistas		Sportiva	11-01-1919	C/ Tallers, nº 45 Barcelona	Barcelona	Tomo 5, pág. 43
Foot-ball Club Cortense		Sportiva	13-01-1919	Barcelona	Barcelona	E.C.31-07-1919. Tomo 5, pág. 43
Federación Regional de Cazadores de Cataluña		Sportiva	12-03-1919	C/ San Pablo, nº 83 1º Barcelona	Barcelona	Tomo 5, pág. 51
Stadium Club		Sportiva	12-05-1919	C/ Caspe, nº 6 1º Barcelona	Barcelona	Baja oficio policía 11-09-1926. Tomo 5, pág. 58
Club Deportivo Ribas		Sportiva	31-05-1919	San Pedro de Ribas	Barcelona	Tomo 5, pág. 61
Asociación de Cazadores del Vallés		Sportiva	13-06-1919	C/ Amselm Clavé, nº 1 Granollers	Barcelona	Baja B.O. 26-08-1924. Tomo 5, pág. 63
Barcelona Boxa Club		Recreativa	04-07-1919	C/ Pelayo, nº 10 Barcelona	Barcelona	E.C. 04-07-1919. E.C. 17-04-1931. Tomo 5, pág. 68

NOMBRE	PRESIDENTE/ DIRECTOR	ACTIVIDAD A LA QUE SE DEDICA	FECHA DE INSCRIPCIÓN DE LA SOCIEDAD	POBLACIÓN	PROVINCIA	OBSERVACIONES
Anglo Bank Sports Club		Sportiva	08-07-1919	Pº de Gracia, nº 2 Barcelona	Barcelona	Tomo 5, pág. 68
Centro Excursionista "Rodamon"		Sportiva	24-07-1919	C/ Aribau, nº 21 Barcelona	Barcelona	Tomo 5, pág. 71
"La Floresta"		Sportiva	30-07-1919	Molins de Rei	Barcelona	E.C.28-03-1925 E.C. 25.11.1926. Tomo 5, pág. 73
Foot ball Club Sportiu Adrianense		Sportiva	01-08-1919	Sant Adrià del Besós	Barcelona	E.C.01-08-1919. Tomo 5, pág. 74
Club Ciclista Gavanense		Sportiva	26-08-1919	Pl. Constitucional, nº 13 Gavà	Barcelona	E.C. 26-08-1919. Baja oficio alcaldía 29-09-1925. Tomo 5, pág. 76
Grop Pedal		Sportiva	29-08-1919	Mataró	Barcelona	Baja oficio alcaldía 08-10-1925. Tomo 5, pág. 78
Centro Excursionista Sabadell		Sportiva	04-09-1919	C/ Pedregar, nº 17 Sabadell	Barcelona	Tomo 5, pág. 80

NOMBRE	PRESIDENTE/ DIRECTOR	ACTIVIDAD A LA QUE SE DEDICA	FECHA DE INSCRIPCIÓN DE LA SOCIEDAD	POBLACIÓN	PROVINCIA	OBSERVACIONES
Foot ball Club Sanjustenc		Sportiva	20.09.1919	S. Just Desvern	Barcelona	Baja oficio alcaldía 02-05-1925. Tomo 5, pág. 81
Amigos del País		Sportiva	16-10-1919	S. Esteban de Castellar	Barcelona	Baja acta del 18-1921. Tomo 5, pág. 86
Atletic Turó		Sportiva	13-12-1919	C/ Mariano Cubí, nº 184 Barcelona	Barcelona	Tomo 5, pág. 92
Catalana Sporting Club		Sportiva	15-12-1919	S. Sadurní	Barcelona	E.C.15-12-1919. Cambia el título por el de San Sadurni Futbol Club. Tomo 5, pág. 92
Representación del Tiro Nacional		Sportiva	16-12-1919	Sabadell	Barcelona	E.C. 16-12-1919. Baja B.O. 26-08-1924. Tomo 5, pág. 93.
Celtic Sport Club		Sportiva	09-04-1920	Barcelona	Barcelona	Baja oficio policía 01-05-1927. Tomo 5, pág. 111

NOMBRE	PRESIDENTE/ DIRECTOR	ACTIVIDAD A LA QUE SE DEDICA	FECHA DE INSCRIPCIÓN DE LA SOCIEDAD	POBLACIÓN	PROVINCIA	OBSERVACIONES
Mundial Sport		Sportiva	15-04-1920	Pº Pedro III, nº 18 Manresa	Barcelona	E.C.15-04-1920. Baja oficio alcaldía 01-07-1925. Tomo 5, pág. 113
Grupo Excursionista "Patria"		Sportiva	16-04-1920	Barcelona	Barcelona	Cambia el título por "Centro Excursionista Patria". Baja 12-06-1921. Tomo 5, pág. 114
Salius Asociación		Sportiva	23-04-1920	C/ Salud, nº 68 bajos Barcelona	Barcelona	E.C. 23-04-1920. Tomo 5, pág. 115
La Primitiva Sociedad Pajaril		Recreativa	04-05-1920	C/ S. Juan de Malta, nº 37 Barcelona	Barcelona	Baja oficio policía 07-09-19. Tomo 5, pág. 117
Club Infantil de Natación "Cataluña"		Sportiva	12-05-1920	Baños orientales Barcelona	Barcelona	Tomo 5, pág. 118
Club Natación "Los XX"		Sportiva	12-05-1920	Baños San Sebastián Barcelona	Barcelona	Baja acta 09-09-1926. Tomo 5, pág. 118

NOMBRE	PRESIDENTE/ DIRECTOR	ACTIVIDAD A LA QUE SE DEDICA	FECHA DE INSCRIPCIÓN DE LA SOCIEDAD	POBLACIÓN	PROVINCIA	OBSERVACIONES
Águila F.C.		Sportiva	27-05-1920	Barcelona	Barcelona	E.C. 29-05.1920. Tomo 5, pág. 120
Grupo Excursionista "Amistad"		Sportiva	28-05-1920	C/ San Juan de Malta, nº 39 Barcelona	Barcelona	Baja oficio policía 02-09-1926. Tomo 5, pág. 121
British Club Barcelona		Recreativo	10-06-1920	¿? Cámara británica Barcelona	Barcelona	Baja oficio policía 13-09-1926. Vuelve a funcionar con el mismo. Tomo 5, pág. 122
Foot ball Club Sportivo Noya		Sportiva	11-06-1920	San Sadurní de Noya	Barcelona	E.C. 11-06-1920. Baja 26-08-1924. Tomo 5, pág. 122
Cazadores		Sportiva	16-06-1920	La Garriga	Barcelona	E.C. 10-07-1920 autorizado su funcionamiento 04-11-1942. Tomo 5, pág. 123
Centro de Sport Castellanense		Sportiva	13-08-1920	Castellar del Vallés	Barcelona	E.C. 21-08-1920. Baja 01.06.1925. Tomo 5, pág. 139

NOMBRE	PRESIDENTE/ DIRECTOR	ACTIVIDAD A LA QUE SE DEDICA	FECHA DE INSCRIPCIÓN DE LA SOCIEDAD	POBLACIÓN	PROVINCIA	OBSERVACIONES
Unión Ciclista Bordeta		Sportiva	17-08-1920	C/ Constitución, nº 116 Barcelona	Barcelona	Tomo 5, pág. 139
Foot-ball Club del Patronato Parroquial		Sportiva	02-10-1920	Santa Perpetua Mogoda	Barcelona	E.C.02-10-1920. Tomo 5, pág. 145
Asociación Excursionista Deportiva Puigmal		Sportiva	09-10-1920	C/ Cortes, nº 500 Barcelona	Barcelona	Tomo 5, pág. 145
"Els Blaus" Centro Excursionista		Sportiva	16-10-1920	C/ Mayor, nº 37 San Vicente Sarria	Barcelona	Tradujo el nombre por Centro Excursionista "Los Azules". Autorizado su funcionamiento 15-10-1945. Tomo 5, pág. 146
Grupo Excursionista yEsportivo "Andi"		Sportiva	11-10-1920	Barcelona	Barcelona	Cambió el titulo por "Grupo Andi". Baja oficio policía 11-09-1926. Tomo 5, pág. 152

NOMBRE	PRESIDENTE/ DIRECTOR	ACTIVIDAD A LA QUE SE DEDICA	FECHA DE INSCRIPCIÓN DE LA SOCIEDAD	POBLACIÓN	PROVINCIA	OBSERVACIONES
Sport Arenyense		Sportiva	15-10-1920	Arenys de Mar	Barcelona	E.C. 15-11-1920. Baja oficio alcalde 10-09-1924. Tomo 5, pág. 153
Federación de Excursionistas de Cataluña		Sportiva	26-11-1920	C/ Canuda, nº 14 Barcelona	Barcelona	Baja oficio policía 15-05-1927. Tomo 5, pág. 156
Liga Cultural Deportiva		Cultural	01-12-1920	Casa Social Católica Barcelona	Barcelona	Baja oficio policía 14-05-1927. E.C. 01-12-1920. Tomo 5, pág. 157
Colegio Nacional de Árbitros (Región Catalana)		Sportiva	03-12-1920	Pta. del Ángel, nº 1 y 3 Barcelona	Barcelona	28-09-1928 Cambia por Col.legi Catalá d´Arbitres de Futbol. Tomo 5, pág. 157
Club Palace		Sportiva	17-12-1920	Mataró	Barcelona	E.C. 17-12-1920. Baja oficio alcaldía 24-11-1926. Tomo 5, pág. 160

NOMBRE	PRESIDENTE/ DIRECTOR	ACTIVIDAD A LA QUE SE DEDICA	FECHA DE INSCRIPCIÓN DE LA SOCIEDAD	POBLACIÓN	PROVINCIA	OBSERVACIONES
Sociedad Deportiva "Elizalde"		Sportiva	05-12-1920	C/ Villaroel, nº 6 1º1ª Barcelona	Barcelona	E.C.14-01-1921. Baja acta 07-04-1923. Tomo 5, pág. 162
Penya Sportiva Graciense		Sportiva	07-12-1920	C/ Menéndez y Pelayo, nº 69 Barcelona	Barcelona	Tomo 5, pág. 162

BURGOS

El Archivo Histórico Provincial de Burgos se encuentra en la C/ Antonio de Cabezón, nº 8, en Burgos. Nos ponemos en contacto, con dicho archivo, vía telefónica el once de julio de 2012, preguntando por los libros de asociaciones hasta 1920 y nos indica una funcionaria que no conservan libros de registro de las asociaciones porque han existido muchos expurgos y es posible que desaparecieran en ellos. Sí que conservan expedientes de asociaciones desde 1915 hasta 1990. Visitamos el archivo el cinco de septiembre de 2012 por la mañana, revisando los expedientes de las asociaciones y no encuentro ninguna entidad deportiva. El resultado es que no disponemos de información sobre las sociedades deportivas anteriores a 1920.

Figura 9: Entrada del Archivo Histórico Provincial de Burgos

CÁCERES

El Archivo Histórico Provincial de Cáceres está ubicado en la Pza. Conde de Canilleros, nº 1 en Cáceres. Nos ponemos en comunicación, con dicho repertorio, vía telefónica el dos de mayo de 2012, preguntando por los libros de asociaciones hasta 1920 y nos señala una funcionaria que tiene la información. Efectuamos la visita el treinta de julio de 2012 por la mañana, los documentos se encuentran en el Fondo documental Gobierno Civil. Comienza con la inscripción del Centro Agrícola Mercantil el 14 de agosto de 1889, que tenía por objeto el recreo, perteneciente al Ayuntamiento de Cáceres. Tras acabar obtenemos estas sociedades deportivas hasta 1920.

Figura 10: Entrada del Archivo Histórico Provincial de Cáceres

NOMBRE	PRESIDENTE/ DIRECTOR	ACTIVIDAD A LA QUE SE DEDICA	FECHA DE CONSTITUCIÓN DE LA SOCIEDAD	POBLACIÓN	PROVINCIA	OBSERVACIONES
Asociación de Cazadores de la Derecha del Tajo	José Oslarquez	Fomento de la caza	07-11-02 (fecha presentación del reglamento)	Plasencia	Cáceres	Signatura- 2446. Tomo II, sin número
Sociedad de Cazadores de Cáceres	Manuel Rodríguez	Perseguir a los infractores de la ley	07-02-03 (fecha presentación del reglamento)	Cáceres	Cáceres	Signatura- 2446. Tomo II, sin número
El Sport Venatorio	Eduardo Merino	Fomento de la caza	16-03-03 (fecha presentación del reglamento)	Coria	Cáceres	Signatura- 2446. Tomo II, sin número
La Cinegética Villa Campiña	Martín Botejara	Aprovechamiento de la caza	09-03-07	Campo (Villa)	Cáceres	Signatura- 2456, pág. 58
Automovilismo Extremeño		Defensa socios	20-06-12 (fecha presentación del reglamento)	Cáceres	Cáceres	Signatura-2447, pág. 3
Club Cinegético		Recreo y caza	24-12-12 (fecha presentación del reglamento)	Torrejoncillo	Cáceres	Signatura-2447, pág. 3
La Unión		Recreo y caza	08-05-13 (fecha presentación del reglamento)	Moraleja	Cáceres	Signatura-2447, pág. 4
El Recreo		Recreo y caza	27-09-13	Coria	Cáceres	Signatura-2447, pág. 4

NOMBRE	PRESIDENTE/ DIRECTOR	ACTIVIDAD A LA QUE SE DEDICA	FECHA DE CONSTITUCIÓN DE LA SOCIEDAD	POBLACIÓN	PROVINCIA	OBSERVACIONES
Los Exploradores de España		Educación de la infancia	03-08-14 (fecha presentación del reglamento)	Cáceres	Cáceres	Signatura-2447, pág. 5
Los Exploradores de España		Educación de la infancia	25-02-15 (fecha presentación del reglamento)	Plasencia	Cáceres	Signatura-2447, pág. 5
La Unidad		Caza	25-06-15 (fecha presentación del reglamento)	Portage	Cáceres	Signatura-2447, pág. 5
Exploradores de España		Educativa	31-01-17	Casar de Cáceres	Cáceres	Signatura-2447, pág. 11

CÁDIZ

El Archivo Histórico Provincial de Cádiz se encuentra en la C/ Cristóbal Colón, nº 12 en Cádiz. Nos ponemos en contacto, con dicho archivo, vía telefónica el dos de mayo de 2012, preguntando por los libros de asociaciones hasta 1920 y nos anuncia un archivero que tiene la información. Efectuamos la visita el treinta y uno de julio de 2012 por la mañana, los documentos se encuentran en la Sección Gobierno Civil; Libro 474. La inscripción más antigua corresponde con el Círculo la Piña, el 7 de diciembre de 1898, que tenía por objeto el recreo, perteneciente al Ayuntamiento del Puerto de Santa María. También reviso varios expedientes. Tras finalizar encontramos estas sociedades deportivas hasta 1920.

Figura 11: Entrada del Archivo Histórico Provincial de Cádiz

NOMBRE	PRESIDENTE/ DIRECTOR	ACTIVIDAD A LA QUE SE DEDICA	FECHA DE CONSTITUCIÓN DE LA SOCIEDAD	POBLACIÓN	PROVINCIA	OBSERVACIONES
Liga de Cazadores	José Molleda/presidente: Agustín Argüelles	Recreo	21-11-1876	Puerto de Santa María	Cádiz	Disuelta el 4-12-1926. Libro 474, pág. 32
Veloz Club Saluqueño	Manuel Mendicuti	Fomento del ciclismo	29-1-1899	Sanlúcar	Cádiz	Disuelta 18-12-1926. Libro 474, pág. 23
Tiro Nacional	Salvador Díez	Teoría del tiro	06-02-01	Jerez	Cádiz	Desaparecida. Libro 474, pág. 28
Tiro Nacional	Fermín Díaz	Enseñanza del tiro	20-07-02	San Fernando	Cádiz	Disuelta el 2-12-1926. Libro 474, pág. 32
Representación del Tiro Nacional	Ramón Rivas	Enseñanza del tiro	21-05-03	Cádiz	Cádiz	Libro 474, pág. 43
Columna Infantil de Cazadores Jerezanos	Manuel de Isasi	Fomento amor patrio	12-08-03	Jerez	Cádiz	Disuelta el 6-12-1926. Libro 474, pág. 34
Automóvil	Juan Domínguez	Recreo	24-12-05	Jerez	Cádiz	Disuelta el 13-12-1926. Libro 474, pág. 41

NOMBRE	PRESIDENTE/ DIRECTOR	ACTIVIDAD A LA QUE SE DEDICA	FECHA DE CONSTITUCIÓN DE LA SOCIEDAD	POBLACIÓN	PROVINCIA	OBSERVACIONES
Columna Infantil de Cazadores	Luis Lharlo	Enseñanza	27-12-05	Puerto Real	Cádiz	Disuelta el 11-12-1926. Libro 474, pág. 39
Tiro de Pichón y Liga de Cazadores	Fabio Tena	Sport y recreo	15-06-07	Sanlúcar	Cádiz	Libro 474, pág. 44
Sociedad de Cazadores	Juan Ruiz/presidente: Ricardo Odreosolas	Recreo	21-07-08	Jerez	Cádiz	Desaparecida el 17-12-1926. Libro 474, pág. 49
Sociedad de Cazadores	Manuel Mariano Bracho	Proteger la caza	30-06-09	Puerto Real	Cádiz	Disuelta el 17-12-1926. Libro 474, pág. 53
Sociedad Hípica Andaluza	Ernesto Pimy	Fomento de la Cría Caballar	18-12-10	Puerto de Santa María	Cádiz	Disuelta el 22-12-1926. Libro 474, pág. 64
Sociedad Español Foot-ball Club	Emilio León	Deportiva	03-06-11	Cádiz	Cádiz	Libro 474, pág. 68
Tennis Club de Cádiz		Fomentar la afición a este juego	26-07-11 (fecha de su fundación)	Cádiz	Cádiz	Otro presidente fue Miguel de Aramburu en octubre de 1923. Legajo 2829

NOMBRE	PRESIDENTE/ DIRECTOR	ACTIVIDAD A LA QUE SE DEDICA	FECHA DE CONSTITUCIÓN DE LA SOCIEDAD	POBLACIÓN	PROVINCIA	OBSERVACIONES
Club Náutico de Cádiz	Pelayo Quintero/ presidente: Guillermo de Ávila	Fomento de ejercicios marítimos	31-01-12	Cádiz	Cádiz	Disuelta el 3-7-1934. Libro 474, pág. 71
Liga Marítima Española	Ramón de Carranza	Fomento de intereses marítimos	12-04-12	Cádiz	Cádiz	Libro 474, pág. 72
Deportes	Juan Tuilles	Deportiva	09-05-12	Puerto Real	Cádiz	No existe el 29-12-1926. Libro 474, pág. 73
Unión Ciclista Gaditana	Miguel Alcón/ presidente: José Anduaga	Deportes	28-12-12	Cádiz	Cádiz	Disuelta el 29-1-1927. Libro 474, pág. 80
La Unión Cazadora	Manuel Rey Sánchez	Fomento de la caza	08-04-13	Puerto de Santa María	Cádiz	Disuelta el 31-12-1926. Libro 474, pág. 77
Los Exploradores de España	Rafael Fernández Llebres/presidente: Carlos Barrié	Instrucción	08-05-13	Cádiz	Cádiz	Disuelta el 27-1-1927. Libro 474, pág. 79
Tiro de Pichón	J. Carrera/presidente: Roberto J. Pemán	Ejercicio de tiro	01-07-13	Puerto de Santa María	Cádiz	Libro 474, pág. 78
Club Recreativo Veraniego	José Vergara/presidente: Felipe Carbó	Recreo	13-07-13	Cádiz	Cádiz	Disuelta el 28-12-1926. Libro 474, pág. 78

NOMBRE	PRESIDENTE/ DIRECTOR	ACTIVIDAD A LA QUE SE DEDICA	FECHA DE CONSTITUCIÓN DE LA SOCIEDAD	POBLACIÓN	PROVINCIA	OBSERVACIONES
Sociedad de Tiro de Pichón del Puerto de Santa María	Rafael Osborne Mcpherson	Fomentar el tiro de pichón	26-06-14 (fecha del reglamento)	Puerto de Santa María	Cádiz	Los socios propietarios debe abonar 250 pesetas, y los socios propietarios y de número abonarán 2 pesetas mensuales. Legajo 2836
Liga de Cazadores	José Quintana/presidente: Juan Castañeda	Recreo	14-07-14 (fecha presentación del reglamento)	Cádiz	Cádiz	Presenta reglamento. Libro 474, pág. 84
Club Deportivo	Antonio Pérez Díaz/presidente: Pelayo Quintero	Fomento del fútbol	28-04-15	Cádiz	Cádiz	Disuelta el 29-1-1927. Libro 474, pág. 87
Tiro de Pichón	Antonio Caballero	Enseñanza del tiro	05-07-15	Chipiona	Cádiz	Libro 474, pág. 88
Touris Club	Ignacio Chilía/ presidente: Eduardo Pinillo	Recreo	16-04-19	Cádiz	Cádiz	Disuelta el 19-2-1927. Libro 474, pág. 106

CANTABRIA

El Archivo Histórico Provincial de Cantabria está situado en la C/ Ruiz de Alda, nº 19 en Santander. Nos ponemos en comunicación, con dicho repertorio, vía telefónica el veintinueve de junio de 2012, preguntando por los libros de asociaciones hasta 1920 y nos indica una funcionaria que no tiene dicha información. Ese mismo día contacto con la delegación del Gobierno y me indican que hubo un incendio histórico en la ciudad de Santander que afectó al Gobierno Civil en 1941 y como consecuencia quedaron destruidos los documentos anteriores a 1940. La consecuencia es que no tenemos referencias sobre las sociedades deportivas anteriores a 1920.

Figura 12: Entrada del Archivo Histórico Provincial de Cantabria

CASTELLÓN

El Archivo Histórico Provincial de Castellón se encuentra en la C/ Rafalefena, nº 29 en Castellón de la Plana. Nos ponemos en contacto, con dicho archivo, vía telefónica el dos de mayo de 2012, preguntando por los libros de asociaciones hasta 1920 y nos señala un funcionario que no tiene la documentación anterior a 1936. La conclusión es que no poseemos datos sobre las sociedades deportivas anteriores a 1920.

Figura 13: Entrada del Archivo Histórico Provincial de Castellón

CEUTA

El Archivo General de Ceuta está ubicado en la Pza. de África, nº 1 en Ceuta. Nos ponemos en comunicación, con dicho repertorio, vía email el tres de julio de 2012, preguntando por los libros de asociaciones hasta 1920 y nos anuncia un funcionario que esos libros los custodia la delegación del Gobierno de Ceuta. Ese mismo día llamamos y nos indican que no conservan documentación anterior a 1964. El resultado es que no disponemos de información sobre las sociedades deportivas anteriores a 1920.

Figura 14: Entrada del Archivo Histórico Provincial de Ceuta

CIUDAD REAL

El Archivo Histórico Provincial de Ciudad Real se encuentra en la C/ Echegaray, nº 2 en Ciudad Real. Nos ponemos en contacto, con dicho archivo, vía telefónica el diez de julio de 2012, preguntando por los libros de asociaciones hasta 1920 y nos indica una archivera que tiene los registros y que sus fechas extremas van del 1850 a 1960. Efectuamos la visita el veinte de agosto de 2012 por la mañana, los documentos se encuentran en el Fondo Gobierno Civil; Serie Libro registro de asociaciones. La inscripción más antigua corresponde con el Casino de Alcázar, del 10 de abril de 1850, perteneciente al Ayuntamiento de Alcázar de San Juan. Tras terminar hallamos estas sociedades deportivas hasta 1920.

Figura 15: Entrada del Archivo Histórico Provincial de Ciudad Real

NOMBRE	PRESIDENTE/ DIRECTOR	ACTIVIDAD A LA QUE SE DEDICA	FECHA DE CONSTITUCIÓN DE LA SOCIEDAD	POBLACIÓN	PROVINCIA	OBSERVACIONES
Fomento de la Pesca Fluvial de la Mancha y Amigos del Campo			07-06-16	Ciudad Real	Ciudad Real	Signatura g-3216, pág. 1
Sociedad Venatoria			19-06-17	Almadenejos	Ciudad Real	Signatura g-3216, pág. 38

CÓRDOBA

El Archivo Histórico Provincial de Córdoba está situado en la C/ Pompeyos, nº 6 en Córdoba. Nos ponemos en comunicación, con dicho repertorio, vía telefónica el dos de mayo de 2012, preguntando por los libros de asociaciones hasta 1920 y nos señala una funcionaria que se perdió toda la documentación anterior a 1960. La consecuencia es que no tenemos referencias sobre las sociedades deportivas anteriores a 1920.

Figura 16: Entrada del Archivo Histórico Provincial de Córdoba

CUENCA

El Archivo Histórico Provincial de Cuenca se encuentra en la C/ Trabuco, s/n en Cuenca. Nos ponemos en contacto, con dicho archivo, vía telefónica el ocho de febrero de 2013, preguntando por los libros de asociaciones hasta 1920 y nos anuncia un archivero que tiene la información. Efectuamos la visita el veintitrés de abril de 2013 por la tarde, los documentos se encuentran en el Fondo Gobierno Civil; Signatura GC-2978. La inscripción más antigua corresponde con el ¿?, del 17 de mayo de 1892, tenía por objeto recreativa y pertenecía al Ayuntamiento de Cuenca. Tras acabar obtenemos estas sociedades deportivas hasta 1920.

Figura 17: Entrada del Archivo Histórico Provincial de Cuenca

NOMBRE	PRESIDENTE/ DIRECTOR	ACTIVIDAD A LA QUE SE DEDICA	FECHA DE FUNDACIÓN DE LA SOCIEDAD	POBLACIÓN	PROVINCIA	OBSERVACIONES
Áreas		Caza	19-08-19	Cuenca	Cuenca	Signatura gc-2978, pág. 10
Abenfora		Disfrute de la caza	27-08-20	Cuenca	Cuenca	Signatura gc-2978, pág. 11

GERONA (GIRONA)

El Archivo Histórico Provincial de Girona está ubicado en la Plaza de San José, nº 1 en Girona. Nos ponemos en comunicación, con dicho repertorio, vía telefónica el diez de julio de 2012, preguntando por los libros de asociaciones hasta 1920 y nos indica una funcionaria que tiene la información. Efectuamos la visita el catorce de agosto de 2012 por la mañana, los documentos se encuentran en el Fondo Gobierno Civil; Signatura 2509. La inscripción más antigua corresponde con la Unión Obrera S.A.F.A, del 30 de junio de 1829, tenía por objeto los socorros mutuos y pertenecía al Ayuntamiento de Blanes. Tras finalizar encontramos estas sociedades deportivas hasta 1920.

Figura 18: Entrada del Archivo Histórico Provincial de Girona

NOMBRE	PRESIDENTE/ DIRECTOR	ACTIVIDAD A LA QUE SE DEDICA	FECHA DE CONSTITUCIÓN DE LA SOCIEDAD	POBLACIÓN	PROVINCIA	OBSERVACIONES
Sport Figuerense		Deportiva	22-10-1891	Figueras	Girona	Reforma reglamento el 7-12-1926 y el 17-1-1930. Signatura 2509, pág. 159
Cazadores y Pescadores de Cerdaña		Fomento de la caza y la pesca	04-05-04	Puigcerda	Girona	Signatura 2509, pág. 360
Futboll-Club		Deportiva	30-06-07	Olot	Girona	Signatura 2509, pág. 302
Sociedad de Skatin Rink		Sport	24-04-12	Gerona	Girona	Signatura 2509, pág. 193
Farnés Deportiva		Deportes	05-06-12	Santa Coloma de Farnés	Girona	Signatura 2509, pág. 434
Fomento de Cultura y Sport			29-06-12	Bañolas	Girona	Signatura 2509, pág. 51
Club Ciclista Ripollés		Deportiva	11-08-13	Ripoll	Girona	Signatura 2509, pág. 501
Sociedad de Cazadores "el Fomento"		Fomento de la caza	21-08-13	San Feliu de Guixols	Girona	Signatura 2509, pág. 399

NOMBRE	PRESIDENTE/ DIRECTOR	ACTIVIDAD A LA QUE SE DEDICA	FECHA DE CONSTITUCIÓN DE LA SOCIEDAD	POBLACIÓN	PROVINCIA	OBSERVACIONES
Sociedad Grop. Sport		Recreativa	10-04-15	Hostalrich	Girona	Signatura 2509, pág. 227
Agrupación Grup Excursionista de Gerona		Conseguir la agrupación de los excursionistas	15-11-17	Gerona	Girona	Reforma reglamento el 11-6-1929 y el 28-2-1934. Signatura 2509, pág. 198
Centro Popular Sport		Football	25-10-18	Palafrugell	Girona	Signatura 2509, pág. 315
Sociedad Deportiva Port Bou F.C.		Deportiva	24-11-19	Port-Bou	Girona	Signatura 2509, pág. 355
Palafrugell F.C.		Football	01-04-20	Palafrugell	Girona	Signatura 2509, sin número
Centro Deportiu Gironec		Recreativa	09-07-20	Gerona	Girona	Signatura 2509, pág. 202
Olimpic Fotbal Club		Deportiva	05-08-20	Breda	Girona	El 2-6-1925 cambia su nombre por el de Club Deportivo de Breda. Signatura 2509, pág. 87

GRANADA

El Archivo Histórico Provincial de Granada se encuentra en la C/ San Agapito, nº 2 en Granada. Nos ponemos en contacto, con dicho archivo, vía telefónica el dos de mayo de 2012, preguntando por los libros de asociaciones hasta 1920 y nos señala una funcionaria que no tienen nada de esas fechas porque se destruyó por una inundación. La conclusión es que no poseemos datos sobre las sociedades deportivas anteriores a 1920.

Figura 19: Entrada del Archivo Histórico Provincial de Granada

GUADALAJARA

El Archivo Histórico Provincial de Guadalajara está situado en la Plaza de los Caídos, nº 11 en Guadalajara. Nos ponemos en comunicación, con dicho repertorio, vía telefónica el dos de mayo de 2012, preguntando por los libros de asociaciones hasta 1920 y nos anuncia un funcionario que tiene la información, aunque nos facilitarán fotocopias porque los originales se han perdido o se han incendiado. Efectuamos la visita el cinco de junio de 2012 por la tarde, los documentos se encuentran en el Registro de Asociaciones. Gobierno Civil. La inscripción más antigua corresponde con la Hermandad San Antonio de Padua, el 10 de agosto de 1887, tenía por objeto el sostenimiento del culto y pertenecía al Ayuntamiento de Guadalajara. Tras terminar, comprobamos que no hubo ninguna inscripción de sociedades deportivas anterior a 1920.

Figura 20: Entrada del Archivo Histórico Provincial de Guadalajara

GUIPÚZCOA (GIPUZKOA)

El Archivo Histórico Provincial de Guipúzcoa se encuentra en la C/ Ibarra Zelaia, nº 4 en Oñati (Guipúzcoa). Nos ponemos en contacto, con dicho archivo, vía email el dos de mayo de 2012, preguntando por los libros de asociaciones hasta 1920 y nos indica un archivero que custodian los libros de registro de asociaciones del Gobierno Civil. También nos revela que debido al deterioro de los libros originales, en 1931 se transcribieron todos los registros habidos hasta esa fecha a otros libros debidamente diligenciados. Efectuamos la visita el nueve de agosto de 2012 por la mañana, los documentos se encuentran en el Fondo Gobierno Civil/Subdelegación del Gobierno en Guipúzcoa; Serie Registro de Asociaciones. La inscripción más antigua corresponde con La Fraternidad, del 9 de enero de 1887, tenía por objeto el socorro y pertenecía al Ayuntamiento de San Sebastián. Tras acabar hallamos estas sociedades deportivas hasta 1920.

Figura 21: Entrada del Archivo Histórico Provincial de Guipúzcoa

NOMBRE	PRESIDENTE/ DIRECTOR	ACTIVIDAD A LA QUE SE DEDICA	FECHA DE CONSTITUCIÓN DE LA SOCIEDAD	POBLACIÓN	PROVINCIA	OBSERVACIONES
Club Cantábrico		Recreo	26-1-1891	San Sebastián	Guipúzcoa	Reforma estatutos el 1-2-1911. Signatura 3089, pág. 1
Club Náutico		Recreo	14-7-1898	San Sebastián	Guipúzcoa	Reforma estatutos el 15-6-1912. Signatura 3089, pág. 2
Real Sociedad Hípica		Deportiva	27-05-04	San Sebastián	Guipúzcoa	Signatura 3089, pág. 6
...t Ball Club		Recreo	12-06-05	Irún	Guipúzcoa	Signatura 3092, pág. 14
Juventud Sportiva Irunesa		Recreo	17-02-08	Irún	Guipúzcoa	Signatura 3092, pág. 14
Donostia Foot-ball Club (Real Sociedad de Fútbol)		Deportiva	24-09-09	San Sebastián	Guipúzcoa	Reforma estatutos 23-1-1936. Signatura 3089, pág. 6
Club Behobia		Recreo	02-08-11 (fecha presentación del reglamento)	Irún	Guipúzcoa	Signatura 3092, pág. 14

NOMBRE	PRESIDENTE/ DIRECTOR	ACTIVIDAD A LA QUE SE DEDICA	FECHA DE CONSTITUCIÓN DE LA SOCIEDAD	POBLACIÓN	PROVINCIA	OBSERVACIONES
Aero Club de Guipúzcoa		Fomento de la aviación	11-01-12 (fecha presentación del reglamento)	San Sebastián	Guipúzcoa	Modifica estatutos el 20-2-1918 y el 6-2-1932. Signatura 3089, pág. 7
Asociación Venatoria		Sport	24-06-12 (fecha presentación del reglamento)	Placencia de las Armas	Guipúzcoa	Signatura 3091, pág. 167
Gimnástica Renteriana		Sport	07-07-12	Rentería	Guipúzcoa	Modifica estatutos el 14-7-1914 y el 4-7-1925. Signatura 3091, pág. 179
Club Deportivo de Beasáin		Recreo	28-12-13	Beasáin	Guipúzcoa	Signatura 3090, pág. 139
Centro de Cazadores		Defensa intereses	31-01-14	Mondragón	Guipúzcoa	Signatura 3091, pág. 82
Exploradores de España		Sport	18-03-14	Irún	Guipúzcoa	Signatura 3091, pág. 14
Club Deportivo Irunés		Recreo	31-08-15 (fecha presentación del reglamento)	Irún	Guipúzcoa	Signatura 3091, pág. 14
Club de la Montaña		Recreo	21-11-16 (fecha presentación del reglamento)	Azpeitia	Guipúzcoa	Signatura 3090, pág. 38

NOMBRE	PRESIDENTE/ DIRECTOR	ACTIVIDAD A LA QUE SE DEDICA	FECHA DE CONSTITUCIÓN DE LA SOCIEDAD	POBLACIÓN	PROVINCIA	OBSERVACIONES
Federación Guipuzcoana de Fútbol		Deporte	24-03-18 (fecha presentación del reglamento)	Irún	Guipúzcoa	Modifica estatutos el 4-5-1925. Signatura 3091, pág. 15
Real Círculo de Tenis		Deportiva	01-02-19	San Sebastián	Guipúzcoa	Modifica reglamento 27-7-1957. Signatura 3089, pág. 62

HUELVA

El Archivo Histórico Provincial de Huelva está ubicado en la Avda. de las Adoratrices, nº 4, bajo, en Huelva. Nos ponemos en comunicación, con dicho repertorio, vía telefónica el ocho de febrero de 2013, preguntando por los libros de asociaciones hasta 1920 y nos señala un archivero que tiene la información digitalizada. El diecinueve de marzo de 2013 me envía un correo dándome un enlace con el que puedo consultar el libro de registro de asociaciones. Los documentos se encuentran en el Fondo Gobierno Civil de Huelva; Sección Orden Público Derechos de los Ciudadanos; Subsección Asociaciones; Serie Registro de Asociaciones (1890-1965); Signatura 7025. La inscripción más antigua corresponde con La Igualdad, del 30 de abril de 1890, tenía por objeto ser una cooperativa y pertenecía al Ayuntamiento de Alosno. Tras finalizar obtenemos estas sociedades deportivas hasta 1920.

Figura 22: Entrada del Archivo Histórico Provincial de Huelva

NOMBRE	PRESIDENTE/ DIRECTOR	ACTIVIDAD A LA QUE SE DEDICA	FECHA DE CONSTITUCIÓN DE LA SOCIEDAD	POBLACIÓN	PROVINCIA	OBSERVACIONES
Centro de Recreo de Cazadores		Recreo	23-11-08	Alosno	Huelva	Signatura 7025, pág. 7
Sociedad de Río Tinto		Recreo	18-03-09	El Campillo	Huelva	Signatura 7025, pág. 8
Club Ciclista		Recreo	26-03-10	Nerva	Huelva	Signatura 7025, pág. 9
Borrachuelas		Cinegética	21-08-14 (fecha reglamento de la sociedad)	Rociana	Huelva	Signatura 7025, pág. 29
La Ayamontina		La observancia de la ley de caza	04-02-15 (fecha reglamento de la sociedad)	Ayamonte	Huelva	Baja. Signatura 7025, pág. 32
Circo Gallístico de Huelva		Celebrar quimeras de gallos	27-03-15 (fecha reglamento de la sociedad)	Huelva	Huelva	Signatura 7025, pág. 32
Huelva Foot ball Club		Fomento del sport	17-01-16	Huelva	Huelva	Baja. Signatura 7025, pág. 38
Español F. C.		Sport	04-04-16	Huelva	Huelva	Signatura 7025, pág. 39

NOMBRE	PRESIDENTE/ DIRECTOR	ACTIVIDAD A LA QUE SE DEDICA	FECHA DE CONSTITUCIÓN DE LA SOCIEDAD	POBLACIÓN	PROVINCIA	OBSERVACIONES
La Gimnástica Onubense		Sport	04-04-16	Huelva	Huelva	Reforma reglamento 6-6-1918. Signatura 7025, pág. 39
Coto de la Uceta y Valdejulián		Recreo y caza	01-07-16	Nerva	Huelva	Signatura 7025, pág. 42
Ibérica F.B.C.		Sport	04-08-17	Huelva	Huelva	Signatura 7025, pág. 42
Corrales Foot ball Club		Sport	26-04-17	Corrales	Huelva	Signatura 7025, pág. 44
Sporting Club		Foot-ball	05-05-18	Huelva	Huelva	Signatura 7025, pág. 53
Club Deportivo		Foot-ball	08-05-18 (fecha reglamento de la sociedad)	Huelva	Huelva	Baja. Signatura 7025, pág. 53
Onuba Balompié		Foot-ball	21-05-18 (fecha reglamento de la sociedad)	Huelva	Huelva	Baja. Signatura 7025, pág. 53
España Foot-ball Club		Foot-ball	23-05-18 (fecha reglamento de la sociedad)	Huelva	Huelva	Baja. Signatura 7025, pág. 53
Libertad F. C.		Esport	12-02-19 (fecha reglamento de la sociedad)	Huelva	Huelva	Signatura 7025, pág. 56

HUESCA

El Archivo Histórico Provincial de Huesca se encuentra en la C/ Canellas, nº 2 en Huesca. Nos ponemos en contacto, con dicho archivo, vía telefónica el diez de julio de 2012, preguntando por los libros de asociaciones hasta 1920 y nos anuncia una archivera que no tienen dicha documentación, sólo se conservan algunos expedientes a partir de 1941. El resultado es que no disponemos de información sobre las sociedades deportivas anteriores a 1920.

Figura 23: Entrada del Archivo Histórico Provincial de Huesca

ISLAS BALEARES

El Archivo del Reino de Mallorca está situado en la C/ Ramón Llull, nº 3 en Palma de Mallorca. Nos ponemos en comunicación, con dicho repertorio, vía telefónica el trece de julio de 2012, preguntando por los libros de asociaciones hasta 1920 y nos indica una funcionaria que no tienen dicha documentación. La consecuencia es que no tenemos referencias sobre las sociedades deportivas anteriores a 1920.

Figura 24: Entrada del Archivo del Reino de Mallorca

JAÉN

El Archivo Histórico Provincial de Jaén se encuentra en la C/ Santo Domingo, nº 12 en Jaén. Nos ponemos en contacto, con dicho archivo, vía telefónica el dos de mayo de 2012, preguntando por los libros de asociaciones hasta 1920 y nos señala un archivero que no tienen dicha documentación. La conclusión es que no poseemos datos sobre las sociedades deportivas anteriores a 1920.

Figura 25: Entrada del Archivo Histórico Provincial de Jaén

LA CORUÑA (A CORUÑA)

El Archivo del Reino de Galicia está ubicado en el Jardín de San Carlos, s/n, en A Coruña. Nos ponemos en comunicación, con dicho repertorio, vía telefónica el diez de mayo de 2012, preguntando por los libros de asociaciones hasta 1920 y nos anuncia una archivera que tiene la información. Efectuamos la visita el veintisiete de julio de 2012 por la mañana, los documentos se encuentran en el Libro Registro General de Asociaciones. La inscripción más antigua corresponde con la Sociedad Económica Amigos del País, del 22 de septiembre de 1784, tenía por objeto defender la agricultura, artes y los oficios, presidido por Cleto Troncoso Pequeño con 773 socios y pertenecía al Ayuntamiento de Santiago. Tras terminar encontramos estas sociedades deportivas hasta 1920.

Figura 26: Entrada del Archivo del Reino de Galicia

NOMBRE	PRESIDENTE/ DIRECTOR	ACTIVIDAD A LA QUE SE DEDICA	FECHA DE FUNDACIÓN DE LA SOCIEDAD	POBLACIÓN	PROVINCIA	OBSERVACIONES
Sporting Club Sociedad de Recreo	Ricardo Carmuncho	Recreo y esparcimiento licito	23-3-1890	A Coruña	A Coruña	Cuota mensual de 5 ptas. Signatura l-5124, pág. 127
Sporting Club		De recreo	15-4-1890	A Coruña	A Coruña	Signatura l-5022, pág. 13
Sporting Club		De recreo	25-1-1893	A Coruña	A Coruña	Signatura l-5022, pág. 9
Club Velocipédica		De recreo	26-2-1896	A Coruña	A Coruña	Signatura l-5022, pág. 12
La Venatoria		Fomento de la caza	17-4-1897	A Coruña	A Coruña	Signatura l-5022, pág. 12
La Venatoria		Protección de la caza	4-3-1898	A Coruña	A Coruña	Reforma reglamento 18-4-1904. Signatura l-5022, pág. 10
Sociedad de Caza y Pesca	Juan López Barreiro	Protección	1-1-1899	Santiago	A Coruña	El 24-2-1902 se reforman. Signatura l-5022, pág. 35
Nelor Excursionista		De recreo	01-04-00	A Coruña	A Coruña	Signatura l-5022, pág. 13

NOMBRE	PRESIDENTE/ DIRECTOR	ACTIVIDAD A LA QUE SE DEDICA	FECHA DE FUNDACIÓN DE LA SOCIEDAD	POBLACIÓN	PROVINCIA	OBSERVACIONES
Caza y Pesca		Fomento de la caza	24-06-00	Negreira	A Coruña	Signatura l-5022, pág. 29
Sociedad de "Caza y Pesca"		Perseguir infracciones	11-07-00	Negreira	A Coruña	Signatura l-5022, pág. 28
Asociación Venatoria		Caza	18-12-01	Carballo	A Coruña	Signatura l-5022, pág. 7
Asociación Venatoria	Manuel Regueiro	Fomento de la caza	23-02-02	Carballo	A Coruña	Disuelta el 2-6-1922. Signatura l-5124, pág. 70
Protección de Caza y Pesca		Protección	11-08-02	Cambre	A Coruña	Signatura l-5022, pág. 5
Asociación Venatoria		Fomento de la caza	28-01-03	Carballo	A Coruña	Signatura l-5022, pág. 6
Tiro Pichón de Santiago		Fomento del tiro	13-06-03	Santiago	A Coruña	Signatura l-5022, pág. 38
Club Náutico de Coruña		Fomento marítimo	14-10-05	A Coruña	A Coruña	Signatura l-5022, pág. 12
Shot Club (Shooting)		Bailes y tiro	26-03-06	A Coruña	A Coruña	Disuelta 26-3-1909. Signatura l-5022, pág. 12

NOMBRE	PRESIDENTE/ DIRECTOR	ACTIVIDAD A LA QUE SE DEDICA	FECHA DE FUNDACIÓN DE LA SOCIEDAD	POBLACIÓN	PROVINCIA	OBSERVACIONES
Club Coruña		Recreo y ciclismo	12-10-06	A Coruña	A Coruña	Refundación el 17/02/1909 como Real Club Coruña. Signatura l-5022, pág. 13
Real Club Coruña	Juan Beltrán	Práctica y fomento de todos los deportes	01-10-06	A Coruña	A Coruña	Cuota de entrada de 3 y 5 ptas. y cuotas mensuales de 1 y 2 ptas. Signatura l-5124, pág. 144
Real Asociación Automovilista de Galicia	Nicolás del Río	Unión y auxilio mutuo	04-02-07	A Coruña	A Coruña	Signatura l-5124, pág. 152
Club Deportivo de Santiago	Adolfo Revuelta Fernández	Fomento de toda clase de deports	25-02-07	Santiago	A Coruña	Signatura l-5125, pág. 424
Club Deportivo Sala Calvet		Sporting	11-03-07	A Coruña	A Coruña	Signatura l-5022, pág. 13
Club Deportivo de Santiago		Sport	11-03-07	Santiago	A Coruña	Signatura l-5022, pág. 39

NOMBRE	PRESIDENTE/ DIRECTOR	ACTIVIDAD A LA QUE SE DEDICA	FECHA DE FUNDACIÓN DE LA SOCIEDAD	POBLACIÓN	PROVINCIA	OBSERVACIONES
Real Club Deportivo de la Sala Calvet	Luis Cormide	Ejercitarse en toda clase de deportes	14-03-07	A Coruña	A Coruña	Cuota de entrada no inferior a 25 ptas. y mensual de 2 ptas. Signatura l-5124, pág. 144
Sociedad María Pita Foot Ball Club		Sportiva	04-05-07	A Coruña	A Coruña	Signatura l-5022, pág. 13
Club Náutico y de Sport		Deportiva	06-05-07	Ferrol	A Coruña	Signatura l-5022, pág. 21
María Pita Foot-Ball Club	Rosendo Silva	Cultivar el deporte del foot-ball	12-05-07	A Coruña	A Coruña	Cuota de entrada 50 céntimos y semanal de 15 céntimos. Signatura l-5124, pág. 121
Hércules Foot Vool Club		Sportiva	24-05-07	A Coruña	A Coruña	Signatura l-5022, pág. 13
Club Foot Vall Reina Victoria		Sportiva	27-07-07	A Coruña	A Coruña	Signatura l-5022, pág. 13
Fool Vool Club Galicia		Sportiva	28-07-07	A Coruña	A Coruña	Signatura l-5022, pág. 14

NOMBRE	PRESIDENTE/ DIRECTOR	ACTIVIDAD A LA QUE SE DEDICA	FECHA DE FUNDACIÓN DE LA SOCIEDAD	POBLACIÓN	PROVINCIA	OBSERVACIONES
Real Asociación Automovilista Sal...		Auxilio y protección	26-08-07	A Coruña	A Coruña	Signatura l-5022, pág. 13
Galicia F.C.	Arturo Taracido	Ejercitarse en el deporte denominado foot-ball	08-09-07	A Coruña	A Coruña	Cuota mensual de 50 céntimos. Signatura l-5124, pág. 122
Floreal Foot Ball Club		Recreo	22-02-08	Ferrol	A Coruña	Signatura l-5022, pág. 21
Club España Foovool		Recreo	28-03-08	Ferrol	A Coruña	Signatura l-5022, pág. 21
Club Foot-Ball España F. C.		Deportiva	08-04-08	A Coruña	A Coruña	Signatura l-5022, pág. 14
Widowers F. C.		Foot-ball	27-04-08	A Coruña	A Coruña	Disuelta el 20-10-1909. Signatura l-5022, pág. 14
Club Ciclista		Ciclismo	27-04-08	A Coruña	A Coruña	Signatura l-5022, pág. 14
Club Alfonso XIII		Foot-ball	16-05-08	A Coruña	A Coruña	Signatura l-5022, pág. 14
Club Ciclista	Luis Villardeframos	Fomentar y propagar el ciclismo	17-05-08	Santiago	A Coruña	Signatura l-5125, pág. 425

NOMBRE	PRESIDENTE/ DIRECTOR	ACTIVIDAD A LA QUE SE DEDICA	FECHA DE FUNDACIÓN DE LA SOCIEDAD	POBLACIÓN	PROVINCIA	OBSERVACIONES
Alltheircek		Sportiva	19-06-08	A Coruña	A Coruña	Signatura l-5022, pág. 14
Regional Foot-Ball Club		Sportiva	20-06-08	A Coruña	A Coruña	Signatura l-5022, pág. 14
Club Unión de la Graña		Deportes	25-06-08	Ferrol	A Coruña	Signatura l-5022, pág. 21
Amboage Foot-Ball Club		Deportes	30-06-08	Ferrol	A Coruña	Dejo de funcionar. Signatura l-5022, pág. 21
Cazadores de Órdenes	Ignacio Castro Iglesias	Denunciar infracciones	07-07-08	Órdenes	A Coruña	Cuota mensual de 50 céntimos. Signatura l-5125, pág. 326
Sociedad de Cazadores		Protección caza	11-07-08	Órdenes	A Coruña	Signatura l-5022, pág. 33
Club Ciclista de Santiago		Sport	13-07-08	Santiago	A Coruña	Signatura l-5022, pág. 39
Foot Ball Club		Esportiva	15-07-08	Ferrol	A Coruña	Signatura l-5022, pág. 21
Liga Marítima Española		Desarrolla vida marítima	16-07-08	A Coruña	A Coruña	Signatura l-5022, pág. 14
Club Unión Deportiva		Sportiva	12-11-08	Ferrol	A Coruña	Signatura l-5022, pág. 21

NOMBRE	PRESIDENTE/ DIRECTOR	ACTIVIDAD A LA QUE SE DEDICA	FECHA DE FUNDACIÓN DE LA SOCIEDAD	POBLACIÓN	PROVINCIA	OBSERVACIONES
Club Machaquito		Deportes	26-12-08	Ora, Santa María	A Coruña	Signatura l-5022, pág. 32
Club España F. C.	Eduardo Babio	Ejercitarse en el deporte denominado foot-ball	10-01-09	A Coruña	A Coruña	Cuota semanal de 15 céntimos. Signatura l-5124, pág. 120
Everton Foot-Ball Club		Deportiva	28-01-09	A Coruña	A Coruña	Signatura l-5022, pág. 15
Real Club Coruña	Gaspar Barreras	Deportiva	17-02-09	A Coruña	A Coruña	Signatura l-5022, pág. 15
Club Ferrol	Emiliano Jordán	Fomentar toda clase de deportes	18-05-09	Ferrol	A Coruña	Cuota mensual de 50 céntimos. Signatura l-5124, pág. 235
Liceo Artístico	Pío Ojea	Deport y recreo	22-06-09	Oza, Santa María	A Coruña	23 céntimos semanales. Signatura l-5125, pág. 412

NOMBRE	PRESIDENTE/ DIRECTOR	ACTIVIDAD A LA QUE SE DEDICA	FECHA DE FUNDACIÓN DE LA SOCIEDAD	POBLACIÓN	PROVINCIA	OBSERVACIONES
Frontón Coruñes	Elías Busea	Dedicarse a toda clase de deportes, especialmente al juego de pelota española	08-07-09	A Coruña	A Coruña	Signatura l-5124, pág. 114
Aero Club	Enrique Arza	Iniciar festivales en el barrio	07-09-09	A Coruña	A Coruña	Cuota semanal 10 céntimos. Signatura l-5124, pág. 115
Los Sports	Luis García Caamaño	Fomentar los festejos del pueblo	03-11-09	Noya	A Coruña	Cuota de entrada 3 ptas. y mensual 1 pta. Signatura l-5125, pág. 314
Asociación Náutica	Gonzalo González	Defensa de la náutica	29-12-09	A Coruña	A Coruña	Cuota mensual de 2 ptas. Signatura l-5124, pág. 145
Club Universal de La Coruña	Santos Pozuelo	Ejercicios de sports	29-04-10	A Coruña	A Coruña	Cuota semanal de 25 céntimos. Signatura l-5124, pág. 152

NOMBRE	PRESIDENTE/ DIRECTOR	ACTIVIDAD A LA QUE SE DEDICA	FECHA DE FUNDACIÓN DE LA SOCIEDAD	POBLACIÓN	PROVINCIA	OBSERVACIONES
Tiro de Pichón de La Coruña	Federico Barbeito	Fomentar la afición al sport cinegético	26-09-10	A Coruña	A Coruña	Cuota de entrada de 50 ptas. y mensual de 5 ptas. Signatura l-5124, pág. 154
Sociedad de Cazadores	Leopoldo Cal	Fomento y repoblación de la caza	19-10-10	Ferrol	A Coruña	Signatura l-5124, pág. 239
Sociedad de Foot-Ball Celta	Manuel Acea	Deports	01-01-11	A Coruña	A Coruña	Cuota de entrada y mensual 1 pta. Signatura l-5124, pág. 156
Club Oza Coruña	Antonio C. Baranta	Deportivo	13-04-11	Oza, Santa María	A Coruña	Signatura l-5125, pág. 413
Club Deportes Suevia F.C.	Manuel Ponte	Foot-ball	18-05-11	A Coruña	A Coruña	Cuota mensual de 1 pta. Signatura l-5124, pág. 160
Club Galicia	Antonio C. Baranta	Foot-ball	03-12-11	A Coruña	A Coruña	Cuota mensual de 1 pta. Signatura l-5124, pág. 162
Coruña Sporting Club	Jesús García	Igual título	29-04-12	A Coruña	A Coruña	Signatura l-5124, pág. 167

NOMBRE	PRESIDENTE/ DIRECTOR	ACTIVIDAD A LA QUE SE DEDICA	FECHA DE FUNDACIÓN DE LA SOCIEDAD	POBLACIÓN	PROVINCIA	OBSERVACIONES
Círculo de Deportes	Pedavol de Calleja	El de su título	24-11-12	Ferrol	A Coruña	Signatura l-5124, pág. 248
Sociedad Protectora de Caza y Pesca	Miguel Gil Casares	Proteger la caza y pesca	13-12-12	Santiago	A Coruña	Cuota de entrada y mensual 75 céntimos. Signatura l-5125, pág. 435
Cyclis Club	Sergio González	Cultura física	30-12-12	Santiago	A Coruña	Signatura l-5125, pág. 437
La Protectora	Eugenio Saillo	Fomento de la caza, pesca y arbolado	09-03-13	Puentedeume	A Coruña	Cuota de entrada 2 pts. y mensual 50 céntimos. Signatura l-5125, pág. 374
Los Exploradores de España	Fija su domicilio en el gobierno militar	Organizar y fomentar las agrupaciones de "boy scouts" españoles dentro de la provincia	02-04-13	A Coruña	A Coruña	Cuota mensual de 25 a 50 céntimos. Signatura l-5124, pág. 193
Arriola Club de Deportes	Pascual Rey	Foot-ball	09-04-13	A Coruña	A Coruña	Signatura l-5124, pág. 171

NOMBRE	PRESIDENTE/ DIRECTOR	ACTIVIDAD A LA QUE SE DEDICA	FECHA DE FUNDACIÓN DE LA SOCIEDAD	POBLACIÓN	PROVINCIA	OBSERVACIONES
Sociedad de Foot-Baal Club Fabril	Emilio Fernández Trevado	Ejercitarse en toda clase de deportes	13-02-14	A Coruña	A Coruña	Cuota semanal de 25 céntimos. Signatura l-5124, pág. 189
Club Gisalola	Antonio López	Deportes	19-09-14	Ferrol	A Coruña	Cuota de entrada de 1 ptas., mensual 75 céntimos. Signatura l-5124, pág. 219
Recreo-Artes y Deportes	Eugenio Rosendo	Recreo	02-10-14	A Coruña	A Coruña	Signatura l-5124, pág. 176
Deportivo F.C. Auténtico	Carlos González	Recreo	09-10-14	A Coruña	A Coruña	Signatura l-5124, pág. 177
Club Ferrol	Joaquín Pérez	Practicar toda clase de deportes	14-10-14	Ferrol	A Coruña	Cuota mensual 1 peseta. Signatura l-5125, pág. 258
Sociedad Colombófila Coruñesa	Tomás Ibáñez	Fomento de la colombófila	22-12-14	A Coruña	A Coruña	Signatura l-5124, pág. 181
Moto-Ciclo-Coruñes	Lladio García	Fomento del sport ciclista	30-11-16	A Coruña	A Coruña	Signatura l-5124, pág. 86

NOMBRE	PRESIDENTE/ DIRECTOR	ACTIVIDAD A LA QUE SE DEDICA	FECHA DE FUNDACIÓN DE LA SOCIEDAD	POBLACIÓN	PROVINCIA	OBSERVACIONES
Athletic Foot-Ball Club	Bernardo Pérez	Deportes	20-06-17	A Coruña	A Coruña	Disuelta el 13-3-1922. Signatura l-5124, pág. 108
Club de Regatas de la Coruña	Rafael González Villao	Recreo	02-07-17	A Coruña	A Coruña	Signatura l-5124, pág. 76
Club Deportivo	Demetrio Anido	Celebrar festivales	07-06-18	Mugardos	A Coruña	Signatura l-5125, pág. 288
Galicia F.C.	Luis Madio	Deportes	30-06-18	A Coruña	A Coruña	Disuelta el 28-3-1922. Signatura l-5124, pág. 28
Santiago Sporting	Manuel Romero Perpe	Fomento del sport	31-05-19	Santiago	A Coruña	Disuelta el 29-1-1922. Signatura l-5125, pág. 487

LA RIOJA

El Archivo Histórico Provincial de La Rioja se encuentra en la C/ Rodríguez Paterna, nº 24, en Logroño. Nos ponemos en contacto, con dicho archivo, vía telefónica el diez de julio de 2012, preguntando por los libros de asociaciones hasta 1920 y nos indica un funcionario que tiene la información. Efectuamos la visita el ocho de agosto de 2012 por la mañana, los documentos se encuentran en el Fondo Gobierno Civil. La inscripción más antigua corresponde con la Sociedad El Liceo de Alfaro, del 10 de marzo de 1888, tenía por objeto el recreo, presidido por D.N. Echániz y pertenecía al Ayuntamiento de Alfaro. Tras acabar hallamos estas sociedades deportivas hasta 1920.

Figura 27: Entrada del Archivo Histórico Provincial de La Rioja

NOMBRE	PRESIDENTE/ DIRECTOR	ACTIVIDAD A LA QUE SE DEDICA	FECHA DE CONSTITUCIÓN DE LA SOCIEDAD	POBLACIÓN	PROVINCIA	OBSERVACIONES
Veloz Club	Basilio Oña	Recreo	20-1-1896	Calahorra	Logroño	Libro 35/3, pág. 15
Representación del Tiro Nacional	Pedro Domínguez	Caza	20-03-01	Logroño	Logroño	Instrucción, balance y directiva 1933. Libro 35/3, pág. 23
Deportiva Logroñesa	Isaac Romanos	Deportes	19-08-10	Logroño	Logroño	Disuelta. Libro 35/3, pág. 23
Asociación de Cazadores	Domingo Gallego	Caza	07-03-10 (fecha presentación de documentos)	Logroño	Logroño	Libro 35/3, pág. 23
Logroño Recreation Club	¿?	Deportiva	06-07-12	Logroño	Logroño	Libro 35/3, pág. 24
Exploradores de España	Juan Diez Lanchares	Mejora de la raza	09-07-13	Logroño	Logroño	Libro 35/3, pág. 24
Sucursal de la Asociación de Cazadores y Agricultores de Castilla la Vieja	Celestino Cárcamo	Profesional	30-01-14 (fecha presentación de documentos)	Logroño	Logroño	Libro 35/3, pág. 41
Sociedad de Cazadores y Pescadores	Celestino Cárcamo	Profesional	20-05-15 (fecha presentación de documentos)	Logroño	Logroño	Libro 35/3, pág. 27

EDITORIAL WANCEULEN

NOMBRE	PRESIDENTE/ DIRECTOR	ACTIVIDAD A LA QUE SE DEDICA	FECHA DE CONSTITUCIÓN DE LA SOCIEDAD	POBLACIÓN	PROVINCIA	OBSERVACIONES
Gimnasio Higiénico y Deportivo	Carpetano Melguero	Gimnasia	14-11-17	Logroño	Logroño	Libro 35/3, pág. 42
Asociación de Cazadores de Haro	Esteban de Abajo	Profesional	11-12-20 (fecha presentación de documentos)	Haro	Logroño	Libro 35/3, pág. 83

LAS PALMAS

El Archivo Histórico Provincial de Las Palmas "Joaquín Blanco" está situado en la Plaza de Santa Ana, nº 4 en Las Palmas de Gran Canaria. Nos ponemos en comunicación, con dicho repertorio, vía telefónica el dos de mayo de 2012, preguntando por los libros de asociaciones hasta 1920 y nos señala un funcionario que no tiene los libros de registro de dichas asociaciones, pero tiene un catálogo de sociedades disueltas que puedo consultar. Efectuamos la visita el veintitrés de agosto de 2012 por la mañana. Tras finalizar, comprobamos que no hubo ninguna inscripción de sociedades deportivas anterior a 1920.

Figura 28: Entrada del Archivo Histórico Provincial de Las Palmas "Joaquín Blanco"

LEÓN

El Archivo Histórico Provincial de León se encuentra en la Pza. Puerta Castillo, s/n, en León. Nos ponemos en contacto, con dicho archivo, vía telefónica el dos de mayo de 2012, preguntando por los libros de asociaciones hasta 1920 y nos anuncia un funcionario que no tiene la información. El diecisiete de mayo, llamamos por teléfono, al archivo de la subdelegación del Gobierno y nos indican que esos libros los tienen digitalizados y los pueden enviar vía email, al día siguiente los tenemos en nuestro poder. La inscripción más antigua corresponde con la Filantrópica de Jornaleros, del 19 de junio de 1897, tenía por objeto el socorro de enfermos y pertenecía al Ayuntamiento de Astorga. Tras finalizar obtenemos estas sociedades deportivas hasta 1920.

Figura 29: Entrada del Archivo Histórico Provincial de León

NOMBRE	PRESIDENTE/ DIRECTOR	ACTIVIDAD A LA QUE SE DEDICA	FECHA DE CONSTITUCIÓN DE LA SOCIEDAD	POBLACIÓN	PROVINCIA	OBSERVACIONES
La Venatoria		Fraternización y unión	13-04-07 (fecha presentación de estatutos)	León	León	
Cazadores y Pescadores		Fomento caza y pesca	26-09-10	Valencia de Don Juan	León	

LÉRIDA (LLEIDA)

El Archivo Histórico Provincial de Lleida está ubicado en la C/ Governador Moncada, s/n, en Lleida. Nos ponemos en comunicación, con dicho repertorio, vía email el veinticuatro de agosto de 2012, preguntando por los libros de asociaciones hasta 1920 y nos indica una archivera que tiene un libro de registro de asociaciones y expedientes posteriores a 1939. Además, nos señala, que le consta que el motivo de la inexistencia es la recogida que se hizo, por ley, de la documentación generada anteriormente para hacer pasta de papel, debido a la escasez de la época. La consecuencia es que no tenemos información sobre las sociedades deportivas anteriores a 1920.

Figura 30: Entrada del Archivo Histórico Provincial de Lleida

LUGO

El Archivo Histórico Provincial de Lugo se encuentra en la C/ Cambria, s/n, en Lugo. Nos ponemos en contacto, con dicho archivo, vía telefónica el once de julio de 2012, preguntando por los libros de asociaciones hasta 1920 y nos señala un funcionario que tiene un libro de registro de asociaciones a partir de 1932. La conclusión es que no poseemos referencias sobre las sociedades deportivas anteriores a 1920.

Figura 31: Entrada del Archivo Histórico Provincial de Lugo

MADRID

Madrid no tiene un Archivo Histórico Provincial y nuestras investigaciones nos llevan al Archivo General de la Administración que está situado en el Paseo Aguadores, nº 2, en Alcalá de Henares (Madrid). Nos ponemos en comunicación, con dicho repertorio, vía telefónica el dos de mayo de 2012, preguntando por los libros de asociaciones hasta 1920 y nos anuncia un funcionario que tiene la información. Efectuamos la visita el once de junio de 2012 por la mañana, los documentos se encuentran en el Fondo ocho; Sección treinta. La inscripción más antigua corresponde con la Congregación de Nuestra Sra. de los Dolores, del 23 de julio de 1887, situada en la iglesia de San Lorenzo, tenía por objeto el religioso y pertenecía al Ayuntamiento de Madrid. Tras terminar encontramos estas sociedades deportivas hasta 1920.

Figura 32: Entrada del Archivo General de la Administración

NOMBRE	PRESIDENTE/ DIRECTOR	ACTIVIDAD A LA QUE SE DEDICA	FECHA DE CONSTITUCIÓN DE LA SOCIEDAD	POBLACIÓN	PROVINCIA	OBSERVACIONES
Sociedad de Fomento de la Cría Caballar de España	duque Fernán Núñez	Mejora de la raza caballar	23-4-1841	C/ Prado Madrid	Madrid	Presenta dos reglamentos. Signatura 36/3104, pág. 83
Círculo Gimnástico	Ramón Fernández San Juan	Gimnástico	22-2-1888 (fecha presentación)	Plaza de los Mortenses Madrid	Madrid	Desaparecido expediente revisado en 1950. Signatura 36/3104, pág. 39
Club de Regatas de Madrid	Fortunato M. Fernández	Recreativo	18-3-1888	Parque de Madrid Madrid	Madrid	Presidente José Gutiérrez Mayo el 1-9-1890. Disuelta sin comunicarlo. Signatura 36/3104, pág. 204

NOMBRE	PRESIDENTE/ DIRECTOR	ACTIVIDAD A LA QUE SE DEDICA	FECHA DE CONSTITUCIÓN DE LA SOCIEDAD	POBLACIÓN	PROVINCIA	OBSERVACIONES
Sociedad Gimnástica Española	David de Ormaechea	Deportiva	5-4-1888 (fecha presentación)	C/ Barbieri Madrid	Madrid	Posteriormente, Real Sociedad Gimnástica Española//Sociedad Gimnástica Española//Real Sociedad Gimnástica Española. Otros presidentes Federico Altamiras// Joaquín del Moral. Convalidada el 17-3-1941. Signatura 36/3104, pág. 1602

NOMBRE	PRESIDENTE/ DIRECTOR	ACTIVIDAD A LA QUE SE DEDICA	FECHA DE CONSTITUCIÓN DE LA SOCIEDAD	POBLACIÓN	PROVINCIA	OBSERVACIONES
Veloz Club	marqués de Tabara	Recreativo	10-4-1888 (fecha presentación)	C/ Alcalá Madrid	Madrid	Otro presidente duque de Tamames 5-1-1892. Se da de baja por no dar razón de su existencia a partir de 1899. Signatura 36/3104, pág. 201
Sociedad de Velocipedistas de Madrid	Manuel de Cercevas	Cooperativo	20-5-1891	C/ Magdalena Madrid	Madrid	Presenta dos estatutos. Disuelta en Madrid a partir de 1892 por falta de balances. Signatura 36/3104, pág. 274
Círculo de Cazadores	Eduardo García Pérez	Recreativo	13-1-1892	Carr. San Jerónimo Madrid	Madrid	Presenta dos reglamentos. Disuelta por falta de balances. Signatura 36/3104, pág. 293

NOMBRE	PRESIDENTE/ DIRECTOR	ACTIVIDAD A LA QUE SE DEDICA	FECHA DE CONSTITUCIÓN DE LA SOCIEDAD	POBLACIÓN	PROVINCIA	OBSERVACIONES
Asociación Nacional de Gimnástica	Miguel Moya	Cooperativo	12-5-1892	C/ Prado-Madrid	Madrid	Disuelta. Signatura 36/3104, pág. 302
Sociedad Española de Excursiones	Enrique Serrano Fatigati	Cooperativo	20-3-1893	Instituto del Cardenal Cisneros-Madrid	Madrid	Presenta dos reglamentos. Baja por no dar razón de su existencia. Signatura 36/3104, pág. 331
Jockey Club	Antonio Cordón	Recreativo	10-10-1894	C/ Alcalá-Madrid	Madrid	Presenta dos estatutos y reglamentos. Signatura 36/3104, pág. 372
Círculo de Pelotaris	José María de la Laca	Recreativo	15-4-1895	C/ Núñez de Arce-Madrid	Madrid	Presenta dos reglamentos. Disuelta sin comunicarlo. Signatura 36/3104, pág. 391

NOMBRE	PRESIDENTE/ DIRECTOR	ACTIVIDAD A LA QUE SE DEDICA	FECHA DE CONSTITUCIÓN DE LA SOCIEDAD	POBLACIÓN	PROVINCIA	OBSERVACIONES
Skating Club Madrileño (Patinadores)	Andrés Mas	Recreativo	13-10-1895	Parque de Rusia C/ Alberto Aguilera Madrid	Madrid	Presenta dos estatutos y reglamentos. Baja por no dar razón de su existencia. Signatura 36/3105, pág. 403
Unión Velocipédica Española	marqués de Casa Alta	Cooperativo	16-2-1896	C/ Libertad- Madrid	Madrid	Presenta dos estatutos. Presidente José Barunat y Castells el 14-8-1896. Signatura 36/3105, pág. 413
Club Velocipédico Madrileño	Manuel de Cerecedas	Cooperativo	24-2-1896	C/ San Marcos- Madrid	Madrid	Baja por no dar razón de su existencia. Signatura 36/3105, pág. 414

NOMBRE	PRESIDENTE/ DIRECTOR	ACTIVIDAD A LA QUE SE DEDICA	FECHA DE CONSTITUCIÓN DE LA SOCIEDAD	POBLACIÓN	PROVINCIA	OBSERVACIONES
Madrid Polo Club	duque de Alba	Recreativo// Deportiva / (26-8-1898)	27-4-1896	Hipódromo-El Pardo	Madrid	Autorizada por el Sr. Pita el 4-12-1896. Presenta dos reglamentos. Otros nombres Real Club de Puerta de Hierro 28-2-1919//Club de la Puerta de Hierro 2-4-1932. Otros presidentes Antonio Cabeza de Vaca 28-2-1919. Signatura 36/3105, pág. 445
"La Tortuga" Sociedad Velocipédica	Enrique González	Recreativo	20-6-1896	C/Arenal-Madrid	Madrid	Otro presidente Luis Espuñas 24-11-1896. Baja por no dar razón de su existencia. Signatura 36/3105, pág. 427

NOMBRE	PRESIDENTE/ DIRECTOR	ACTIVIDAD A LA QUE SE DEDICA	FECHA DE CONSTITUCIÓN DE LA SOCIEDAD	POBLACIÓN	PROVINCIA	OBSERVACIONES
Sociedad Gimnástica Alemana en Madrid	Jorge Ahlemeyer	Higiénica	28-11-1896	Consulado alemán C/ Juan de Mena Madrid	Madrid	Faltan todos sus balances. Signatura 36/3105, pág. 443
Sociedad Madrid-Club	Jaime Font	Recreativo	10-12-1898	C/ Garcilaso-Madrid	Madrid	Presenta dos reglamentos. Otros presidentes Luis de Peralta y Barbieri 1-2-1900//Ángel Gómez 3-4-1900/11-6-1900. Signatura 36/3105, pág. 496
Laurak-Bat	marqués de Urquijo	Recreativo	22-5-1899	C/ Carretas-Madrid	Madrid	Disuelta. Signatura 36/3105, pág. 510

EDITORIAL WANCEULEN

NOMBRE	PRESIDENTE/ DIRECTOR	ACTIVIDAD A LA QUE SE DEDICA	FECHA DE CONSTITUCIÓN DE LA SOCIEDAD	POBLACIÓN	PROVINCIA	OBSERVACIONES
Sociedad del Tiro Nacional	duque de Rivas	Fomento de la afición al tiro	24-07-00	C/ Preciados// Mayor// Hermosilla Madrid	Madrid	Otros nombres Tiro Nacional de España 7-8-1918//Federación Española de Sociedades de Tiro 10-5-1926//Federación de Tiro Nacional de España 31-5-1940. Otros presidentes Julián Suárez Inclán 15-3-1910//Alberto Aguilera 7-8-1918. Exceptuada su convalidación puede seguir usando la palabra Nacional (tras la Guerra Civil). Signatura 36/3105, pág. 559

NOMBRE	PRESIDENTE/ DIRECTOR	ACTIVIDAD A LA QUE SE DEDICA	FECHA DE CONSTITUCIÓN DE LA SOCIEDAD	POBLACIÓN	PROVINCIA	OBSERVACIONES
Sociedad del Tiro Nacional de Madrid	duque de Uceda	Fomento de la afición al tiro	09-08-00	C/ Tudescas// Ministerio de Instr. Pública Madrid	Madrid	Presenta dos reglamentos. Otros presidentes Alfredo Serrano 27-11-1908. Signatura 36/3105, pág. 561
Liga Marítima Española	Antonio Maura	Fomento de la vida marítima	09-02-01	Ministerio de Agricultura C/ Zurbano Madrid	Madrid	Presenta dos reglamentos. Signatura 36/3105, pág. 574
Tiro de Pichón de Madrid	duque de Arión		29-11-01	Paseo Castellana- Madrid	Madrid	Presenta dos reglamentos. Signatura 36/3105, pág. 606
Representació n Local del Tiro Nacional de la Villa de Getafe	Julián Aldir	Fomento de la afición al tiro	12-02-02	Getafe	Madrid	Presenta dos reglamentos. Signatura 36/3105, pág. 611

NOMBRE	PRESIDENTE/ DIRECTOR	ACTIVIDAD A LA QUE SE DEDICA	FECHA DE CONSTITUCIÓN DE LA SOCIEDAD	POBLACIÓN	PROVINCIA	OBSERVACIONES
Sociedad "The Tumbling Club" Sociedad de Patines	Ignacio Peñalver	Recreativa	26-04-02	Parque Rusia Madrid	Madrid	Presenta dos reglamentos. Baja por no dar razón de su existencia. Signatura 36/3105, pág. 619
Madrid Football Club	Juan Padrós	Recreativa//Deportiva(12-9-1929)	26-04-02	C/ Alcalá//O'donell//Ctra. Chamartín//Caballero de Gracia Madrid	Madrid	Presenta dos reglamentos. Otros nombres Real Madrid Foot Ball Club 21-6-1916//Madrid Fútbol Club 12-12-1924//Real Madrid Club de Fútbol 12-9-1929. Otros presidentes Adolfo Meléndez 24-9-1913//Pedro Parrages 21-6-1916//marqués de Bolarque 18-9-1920. Signatura 36/3105, pág. 620

NOMBRE	PRESIDENTE/ DIRECTOR	ACTIVIDAD A LA QUE SE DEDICA	FECHA DE CONSTITUCIÓN DE LA SOCIEDAD	POBLACIÓN	PROVINCIA	OBSERVACIONES
Sport-Club	Gonzalo de Rivas	Recreativa-instructiva	18-01-03	C/ Mayor-Madrid	Madrid	Presenta dos reglamentos. Otro presidente Marcelino Barrio. Baja por no dar razón de su existencia. Signatura 36/3105, pág. 685
Asociación General de Cazadores	conde de Romanones	Recreativa//Deportiva(29-4-1924)	02-05-03	C/ Clavel//C/ Bolsa-Madrid	Madrid	Presenta dos reglamentos. Otros nombres Asociación General de Cazadores y Pescadores de España 10-7-1924//Asociación de Cazadores y Pescadores 28-1-1930//Real Asociación de Cazadores y Pescadores de Madrid 23-8-1951. Otro presidente Alfredo Mahón de la Fuente 26-8-1903. Convalidada 15-3-1941. Signatura 36/3105, pág. 704

NOMBRE	PRESIDENTE/ DIRECTOR	ACTIVIDAD A LA QUE SE DEDICA	FECHA DE CONSTITUCIÓN DE LA SOCIEDAD	POBLACIÓN	PROVINCIA	OBSERVACIONES
Real Automóvil Club de España	duque de Santo Mauro	Fomento de la afición al automovilismo	23-02-04	C/Alcalá- Madrid	Madrid	Presenta dos reglamentos. Otro nombre Automóvil Club de España 7-7-1931. Otros presidentes conde de Peñalver 17-6-1908//duque de Alba 28-3-1917. Convalidada 15-3-1941. Signatura 36/3105, pág. 739
Real Sociedad Colombófila de Madrid	Javier de Beranger	Fomento de la cría de palomas mensajeras	12-07-04	C/ Serrano Madrid	Madrid	Presenta dos reglamentos. Otras direcciones montaña rusa del retiro 26-11-1906. Signatura 36/3105, pág. 765

NOMBRE	PRESIDENTE/ DIRECTOR	ACTIVIDAD A LA QUE SE DEDICA	FECHA DE CONSTITUCIÓN DE LA SOCIEDAD	POBLACIÓN	PROVINCIA	OBSERVACIONES
Agrupación Ciclista Nacional	Víctor Cuevas	Fomento del sport ciclista	19-08-04	C/ Zaragoza Madrid	Madrid	Presenta dos reglamentos. Baja por no dar razón de su existencia. Signatura 36/3105, pág. 769
Club de Sport Vasco	José Toda	Fomento del juego de pelota a cesta	05-11-04	C/ Alfonso XII Frontón Jai-Alai Madrid	Madrid	Presenta dos reglamentos. Estuvo presentando balances hasta finales de 1909. Baja por no dar razón de su existencia. Signatura 36/3105, pág. 782

NOMBRE	PRESIDENTE/ DIRECTOR	ACTIVIDAD A LA QUE SE DEDICA	FECHA DE CONSTITUCIÓN DE LA SOCIEDAD	POBLACIÓN	PROVINCIA	OBSERVACIONES
The Forteen Club (El Club de los Catorce)	Enrique de Calvet	Recreativa	05-12-04	C/ Tudescas// C/ Barco Madrid	Madrid	Presenta dos reglamentos. Otro presidente Francisco Córdoba. Baja por no dar razón de su existencia. Signatura 36/3105, pág. 784
Touring Club Hispano Portugués	Damián Isern	Fomento del tourismo	24-02-05	C/ Miguel Ángel Madrid	Madrid	Presenta dos reglamentos. Signatura 36/3105, pág. 797
Real Aero-Club de España	marqués de Viana	Fomento y desarrollo de la locomoción aérea	07-04-05	Carr. San Jerónimo// C/ Ventura de la Vega Madrid	Madrid	Presenta dos reglamentos. Otro nombre Aeroclub de España 7-6-1932. Otros presidentes Alfredo Kindelán//marqués de Villabrágima 8-2-1919. Signatura 36/3106, pág. 803

NOMBRE	PRESIDENTE/ DIRECTOR	ACTIVIDAD A LA QUE SE DEDICA	FECHA DE CONSTITUCIÓN DE LA SOCIEDAD	POBLACIÓN	PROVINCIA	OBSERVACIONES
Sporting Club	José Luis González Lequerica	Recreativa	07-05-06	C/ Alcalá- Madrid	Madrid	Presenta dos reglamentos. Signatura 36/3106, pág. 850
Sociedad del Touring Club Hispano- Portugués	Enrique Saint Edué	Fomento del turismo	05-07-06	C/ Santa Engracia- Madrid	Madrid	Presenta dos reglamentos. Baja por no dar razón de su existencia. Signatura 36/3106, pág. 858
Madrid- Skating-Club	Alfonso Sanchís	Fomento y desarrollo de la afición a patinar	24-10-06	C/ Ayala- Madrid	Madrid	Presenta dos reglamentos. Baja por no dar razón de su existencia. Signatura 36/3106, pág. 869

NOMBRE	PRESIDENTE/ DIRECTOR	ACTIVIDAD A LA QUE SE DEDICA	FECHA DE CONSTITUCIÓN DE LA SOCIEDAD	POBLACIÓN	PROVINCIA	OBSERVACIONES
Sport Ciclista	Rafael J. de Eiris	Fomento del sport ciclista	01-01-07	Plaza de Isabel Madrid	Madrid	Presenta dos reglamentos. Otro presidente Juan Gómez 18-6-1907. Baja por no dar razón de su existencia. Signatura 36/3106, pág. 878
Sporting Club	Ricardo Muñoz	Recreativa	25-01-07	C/ Alcalá Madrid	Madrid	Presenta dos reglamentos. Presentó balances hasta 1915. Otro nombre The Sporting Club 7-7-1913. Otros presidentes José González Lequerica 28-2-1907//Carlos O' Donnell 7-7-1913. Baja por no dar razón de su existencia. Signatura 36/3106, pág. 880

NOMBRE	PRESIDENTE/ DIRECTOR	ACTIVIDAD A LA QUE SE DEDICA	FECHA DE CONSTITUCIÓN DE LA SOCIEDAD	POBLACIÓN	PROVINCIA	OBSERVACIONES
Athletic Club	Ricardo de Gondra	Fomento del foot-ball//Deportiva	20-02-07	C/ Fuencarral// Espoz y Mina// Alcalá Madrid	Madrid	Presenta dos reglamentos. Otros nombres Athletic Club de Madrid 31-7-1916//Athletic Aviación Club//Club Atlético Aviación//Club Atlético de Madrid. Otros presidentes Julián Ruete//Álvaro de Aguilar 21-7-1916. Convalidada 15-3-1941. Signatura 36/3106, pág. 884
Agrupación Excursionista Pedestre	Doroteo Rodríguez	Recreativa y sport	24-07-07 (fecha presentación)	C/ Quintana Madrid	Madrid	Presenta dos reglamentos. Baja por no dar razón de su existencia. Signatura 36/3106, pág. 910

NOMBRE	PRESIDENTE/ DIRECTOR	ACTIVIDAD A LA QUE SE DEDICA	FECHA DE CONSTITUCIÓN DE LA SOCIEDAD	POBLACIÓN	PROVINCIA	OBSERVACIONES
Peña Ciclista = Sociedad Esportiva	Pedro de Rivera	Sport Ciclista	11-12-07	C/ Concordia Madrid	Madrid	Presenta dos reglamentos. Otro presidente Antonio Crespo 21-3-1908. Baja por no dar razón de su existencia. Signatura 36/3106, pág. 916
Federación Ciclista Española, Sociedad	Luis Soria	Fomento del ciclismo	04-02-08	C/ Magdalena-Madrid	Madrid	Presenta dos reglamentos. Baja por no dar razón de su existencia. Signatura 36/3106, pág. 926

NOMBRE	PRESIDENTE/ DIRECTOR	ACTIVIDAD A LA QUE SE DEDICA	FECHA DE CONSTITUCIÓN DE LA SOCIEDAD	POBLACIÓN	PROVINCIA	OBSERVACIONES
Club Alpino Español	C. Lezcano	Sportiva	16-05-08	C/ Clavel/ /Arenal- Madrid	Madrid	Presenta dos reglamentos. No mandaron el acta constitutiva hasta el 4-2-1911. Otros presidentes Antonio Prast 23-5-1908//Luis Recasens 12-12-1918. Convalidada el 17-3-1941. Signatura 36/3106, pág. 1098
Skating Club	Alfonso Sanluis	Recreativa Esportiva	04-11-08	C/ Villanueva- Madrid	Madrid	Presenta dos reglamentos. Baja por no dar razón de su existencia. Signatura 36/3106, pág. 961

NOMBRE	PRESIDENTE/ DIRECTOR	ACTIVIDAD A LA QUE SE DEDICA	FECHA DE CONSTITUCIÓN DE LA SOCIEDAD	POBLACIÓN	PROVINCIA	OBSERVACIONES
Club de Regatas de Madrid	Mariano Pascual	Recreativa	06-11-08	Embarcadero del Parque de Madrid	Madrid	Presenta dos reglamentos. Otro presidente Luis Rivas 30-12-1909. Baja por no dar razón de su existencia. Signatura 36/3106, pág. 962
Federación Española de Clubs de Foot-Ball	marqués de Casa Alta	Fomento del football	19-10-09	C/ Toledo-Madrid	Madrid	Presenta dos reglamentos. Disuelta el 18-10-1913. Signatura 36/3106, pág. 999
Billar Club	Venancio Martínez de Pisón	Recreativa	24-12-09	Carrera de San Jerónimo-Madrid	Madrid	Presenta dos reglamentos. Otro nombre Círculo Nacional 1-9-1910. Disuelta 16-11-1910. Signatura 36/3106, pág. 1005

NOMBRE	PRESIDENTE/ DIRECTOR	ACTIVIDAD A LA QUE SE DEDICA	FECHA DE CONSTITUCIÓN DE LA SOCIEDAD	POBLACIÓN	PROVINCIA	OBSERVACIONES
Sport Cinegético	Manuel García Morales	Recreativa	03-05-10	C/ Cruz-Madrid	Madrid	Presenta dos reglamentos. Disuelta el 17-5-1911. Signatura 36/3106, pág. 1028
Bilbaíno Club	Telesforo Álvarez	Recreativa	03-01-11	C/ Peligros-Madrid	Madrid	Presenta dos reglamentos. Baja por no dar razón de su existencia. Signatura 36/3106, pág. 1088
Foot-Ball Club Español	Plácido Buylla	Recreativa	19-01-11	Plaza del Príncipe Alfonso-Madrid	Madrid	Presenta dos reglamentos. Otro presidente Ricardo l. Vilariño. Baja por no dar razón de su existencia. Signatura 36/3106, pág. 1093

NOMBRE	PRESIDENTE/ DIRECTOR	ACTIVIDAD A LA QUE SE DEDICA	FECHA DE CONSTITUCIÓN DE LA SOCIEDAD	POBLACIÓN	PROVINCIA	OBSERVACIONES
Madrid Lawn Tennis Club	duque de Sotomayor	Sportiva-Recreativa	19-01-11	c/ Juan Bravo-Madrid	Madrid	Baja por no dar razón de su existencia el 10-1-1928. Signatura 36/3106, pág. 1125
Esporting Club Español	Pedro Camacho	Recreativa	16-02-11	C/ Paz-Madrid	Madrid	Baja por no dar razón de su existencia. Signatura 36/3106, pág. 1096
Lapiko Foot-Ball Club	Gumersindo de Viena	Fomento y propaganda de este sport	22-07-11	C/ Mayor-Madrid	Madrid	Presenta dos reglamentos. Baja por no dar razón de su existencia. Signatura 36/3106, pág. 1137

NOMBRE	PRESIDENTE/ DIRECTOR	ACTIVIDAD A LA QUE SE DEDICA	FECHA DE CONSTITUCIÓN DE LA SOCIEDAD	POBLACIÓN	PROVINCIA	OBSERVACIONES
Institución Española de Educación Física	Rafael Forns	Su título	25-06-11	C/ Barquillo-Madrid	Madrid	Presenta dos reglamentos. Baja por no dar razón de su existencia. Signatura 36/3106, pág. 1142
Indeme	Domingo Ruiz ¿?	Fomento de los deportes	29-06-11		Madrid	Disuelta el 18-7-1913. Signatura 36/3106, pág. 1145
La Nueva Cazadora	Manuel Ortiz López	Recreativa	03-11-11	C/ Desengaño-Madrid	Madrid	Presenta dos reglamentos. Otros nombres Club Escopeta 9-10-1916. Otro presidente Luis de Castro 9-10-1916. Suspendido funcionamiento el 14-7-1919. Signatura 36/3106, pág. 1153

NOMBRE	PRESIDENTE/ DIRECTOR	ACTIVIDAD A LA QUE SE DEDICA	FECHA DE CONSTITUCIÓN DE LA SOCIEDAD	POBLACIÓN	PROVINCIA	OBSERVACIONES
Excursionistas de la Colonia de la Estación de Pozuelo	Manuel Pastrana	Su título	25-11-11	C/ Corredera Baja-Madrid	Madrid	Presenta dos reglamentos. Baja por no dar razón de su existencia. Signatura 36/3106, pág. 1159
English Sports Club	Codcok Esc.	Recreativa	10-12-11	marqués de Monistrol-Madrid	Madrid	Presenta dos reglamentos. Baja por no dar razón de su existencia. Signatura 36/3106, pág. 1163
Club Sport King	José Fernández Hermosa	Recreativa	12-12-11	Carrera de San Jerónimo-Madrid	Madrid	Presenta dos reglamentos. Baja por no dar razón de su existencia. Signatura 36/3106, pág. 1163

NOMBRE	PRESIDENTE/ DIRECTOR	ACTIVIDAD A LA QUE SE DEDICA	FECHA DE CONSTITUCIÓN DE LA SOCIEDAD	POBLACIÓN	PROVINCIA	OBSERVACIONES
Sociedad Nacional de Excursionismo y de Iniciación Alpina	Luis del Valle	Fomento de excursiones	21-03-12	C/ Jesús del Valle-Madrid	Madrid	Presenta dos reglamentos. Baja por no dar razón de su existencia. Signatura 36/3106, pág. 1188
Unión Deportiva del Credit-Lionnays	¿? Caví	Recreativa	27-08-12	C/ Alcalá-Madrid	Madrid	Baja por no dar razón de su existencia. Convalidada el 28-6-1941. Signatura 36/3107, pág. 1204

NOMBRE	PRESIDENTE/ DIRECTOR	ACTIVIDAD A LA QUE SE DEDICA	FECHA DE CONSTITUCIÓN DE LA SOCIEDAD	POBLACIÓN	PROVINCIA	OBSERVACIONES
Los Exploradores de España (Boy Scouts Españoles)	duque de Tamames	Fomento de la exploración en España	14-11-12	C/ Sacramento/ Santa Engracia (14-9-1916) Madrid	Madrid	Estatuto y reglamentos por duplicado. Otro presidente Francisco García M. Molina 29-4-1915. Disolución el 22-4-1940. Signatura 36/3107, pág. 1221
Los Sports	Felipe Gallego	Recreativa	12-01-13	C/ Tindescos-Madrid	Madrid	Presenta dos reglamentos. Otro presidente Ignacio Sanz 15-2-1913. Suspendido funcionamiento el 14-7-1919. Signatura 36/3107, pág. 1250

NOMBRE	PRESIDENTE/ DIRECTOR	ACTIVIDAD A LA QUE SE DEDICA	FECHA DE CONSTITUCIÓN DE LA SOCIEDAD	POBLACIÓN	PROVINCIA	OBSERVACIONES
Club Hispania		Recreativa	17-01-13	Madrid	Madrid	Presenta dos reglamentos. Suspendido funcionamiento el 14-7-1919. Signatura 36/3107, pág. 1252
Unión Sporting Club	Fernando Hernández Egido	Recreativa	28-01-13	C/ Malasaña-Madrid	Madrid	Presenta dos reglamentos. Baja. Signatura 36/3107, pág. 1255
La Colonia Alpinista	Esteban Plaza Pascual	Recreativa	27-02-13	C/ Tetuán-Madrid	Madrid	Presenta dos reglamentos. Otro nombre Club Corzano 2-12-1915. Otro presidente Pablo García. Suspendido funcionamiento el 14-7-1919. Signatura 36/3107, pág. 1270

NOMBRE	PRESIDENTE/ DIRECTOR	ACTIVIDAD A LA QUE SE DEDICA	FECHA DE CONSTITUCIÓN DE LA SOCIEDAD	POBLACIÓN	PROVINCIA	OBSERVACIONES
El Deporte	Liberto Vergara	Recreativa	05-03-13	Cuesta de las Perdices (Aravaca)-Madrid	Madrid	Presenta dos reglamentos. Otros nombres Alegre Club 22-5-1915// Alegre Club Granadino 11-9-1915. Otros presidentes Luis Loño 22-5-1915//Luis de Castro 11-9-1915//Enrique Cuartero 13-1-1921. Baja por no dar razón de su existencia. Signatura 36/3107, pág. 1277

NOMBRE	PRESIDENTE/ DIRECTOR	ACTIVIDAD A LA QUE SE DEDICA	FECHA DE CONSTITUCIÓN DE LA SOCIEDAD	POBLACIÓN	PROVINCIA	OBSERVACIONES
El Sport de la Pesca	Narciso Elías Moraleda	Recreativa	10-03-13	C/ San Martín-Madrid	Madrid	Presenta dos reglamentos. Otros nombres el Sport de Pesca y Caza 14-3-1923//El Deporte de Pesca y Caza 13-7-1932. Otro presidente José Ramón Hidalgo 11-4-1913. Convalidada el 17-3-1941. Signatura 36/3107, pág. 1281
El Sport Alpinista	Luis de la Cuerda	Recreativa	12-03-13	Plaza Olavide-Madrid	Madrid	Presenta dos reglamentos. Disuelta. Signatura 36/3107, pág. 1285

NOMBRE	PRESIDENTE/ DIRECTOR	ACTIVIDAD A LA QUE SE DEDICA	FECHA DE CONSTITUCIÓN DE LA SOCIEDAD	POBLACIÓN	PROVINCIA	OBSERVACIONES
Club Automóvil	Ángel Giménez	Recreativa	27-03-13	C/ San Marcos-Madrid	Madrid	Presenta dos reglamentos. Otro nombre Club Mecánico 20-8-1913. Otro presidente Luis de Castro 20-8-1913. Suspendido funcionamiento el 14-7-1919. Signatura 36/3107, pág. 1287
Sociedad Deportiva Excursionista	José Beteta	Fomento de la afición a las excursiones	10-05-13	C/ Hortaleza-Madrid	Madrid	Presenta dos reglamentos. Otro presidente Francisco Comín 7-9-1918. Convalidada el 17-3-1941. Signatura 36/3107, pág. 1327

NOMBRE	PRESIDENTE/ DIRECTOR	ACTIVIDAD A LA QUE SE DEDICA	FECHA DE CONSTITUCIÓN DE LA SOCIEDAD	POBLACIÓN	PROVINCIA	OBSERVACIONES
Cardenal Cisneros	Benito Piniella	Fomentar la afición al juego del foot-ball	17-05-13	C/ Fuencarral-Madrid	Madrid	Presenta dos reglamentos. Baja por no dar razón de su existencia. Signatura 36/3107, pág. 1329
Salud y Cultura	Prudencio M. Nogués	Realizar excursiones	29-07-13	C/ Piamonte-Madrid	Madrid	Presenta dos reglamentos. Baja. Signatura 36/3107, pág. 1354
Federación Regional del Centro (Clubs de Foot Ball)	Adolfo Meléndez	Fomento del sport de foot-ball	20-10-13	C/ Manuel Silvela// Augusto Figueroa-Madrid	Madrid	Presenta dos reglamentos. Otros nombres Federación Regional de Futbol del Centro de España 1-2-1916. Otros presidentes Julián Ruete 1-2-1916//Ramón Teja 13-9-1916//Adolfo Vázquez 3-9-1917. Signatura 36/3107, pág. 1370

NOMBRE	PRESIDENTE/ DIRECTOR	ACTIVIDAD A LA QUE SE DEDICA	FECHA DE CONSTITUCIÓN DE LA SOCIEDAD	POBLACIÓN	PROVINCIA	OBSERVACIONES
Asociación Católica de Scouts de España	Luis Cortasanz	Realizar excursiones	23-10-13	Plaza del Progreso-Madrid	Madrid	Presenta dos reglamentos. Baja por no dar razón de su existencia. Signatura 36/3107, pág. 1371
Peñalara. Los Doce Amigos	Constancio Bernaldo de Quirós	Realizar excursiones	04-12-13	Instituto de Reformas Sociales C/ Cid-Madrid	Madrid	Presenta dos reglamentos. Otro nombre Peñalara 24-10-1915. Otros presidentes Ricardo Ruiz Ferry 21-10-1927//Antonio Victory 5-4-1930. Signatura 36/3107, pág. 1386

NOMBRE	PRESIDENTE/ DIRECTOR	ACTIVIDAD A LA QUE SE DEDICA	FECHA DE CONSTITUCIÓN DE LA SOCIEDAD	POBLACIÓN	PROVINCIA	OBSERVACIONES
Iberia Foot-Ball Club	Carlos González	Fomento del juego del football	10-03-14	C/ duque de Alba Madrid	Madrid	Presenta dos reglamentos. Baja por no dar razón de su existencia. Signatura 36/3107, pág. 1434
Unión Deportiva Madrileña	Eduardo Baylin	Fomento del sport ciclista	17-03-14	C/ Leganitos-Madrid	Madrid	Presenta dos reglamentos. Baja por no dar razón de su existencia. Signatura 36/3107, pág. 1441
Unión Club	Eduardo Comas	Sportivo-Recreativo	18-03-14	C/ Alcalá-Madrid	Madrid	Presenta dos reglamentos. Baja por no dar razón de su existencia. Signatura 36/3107, pág. 1442

NOMBRE	PRESIDENTE/ DIRECTOR	ACTIVIDAD A LA QUE SE DEDICA	FECHA DE CONSTITUCIÓN DE LA SOCIEDAD	POBLACIÓN	PROVINCIA	OBSERVACIONES
Racing Foot-Ball Club de Madrid	Ramón Teja	Fomento del juego del foot-ball	26-09-14	C/ Ventura de la Vega- Madrid	Madrid	Presenta dos reglamentos. Baja. Signatura 36/3107, pág. 1514
Club Deportivo	Natalio Morales	Recreativa	23-12-14	C/ San Bernardo Madrid	Madrid	Presenta dos reglamentos. Baja por no dar razón de su existencia. Signatura 36/3107, pág. 1573
Club Madrid Zaragoza y Alicante	Antonio Alzamora	Sportiva	18-01-15	C/ Menéndez Valdés- Madrid	Madrid	Presenta dos reglamentos. Otros nombres Club Deportivo Ferroviario 12-1-1917//Club M.Z.A. 17-12-1918. Otro presidente Hilario Martínez 12-1-1917. Baja por no dar razón de su existencia. Signatura 36/3107, pág. 1587

NOMBRE	PRESIDENTE/ DIRECTOR	ACTIVIDAD A LA QUE SE DEDICA	FECHA DE CONSTITUCIÓN DE LA SOCIEDAD	POBLACIÓN	PROVINCIA	OBSERVACIONES
Escultistas Españoles	José Esain	Fomento del escultismo	12-04-15	C/ Ruiz- Madrid	Madrid	Presenta dos reglamentos. Baja por no dar razón de su existencia. Signatura 36/3108, pág. 1633
Primera Región de la Unión Velocipédica Española	Antonio Belda	Fomento del ciclismo	22-06-15	C/ Montera// Atocha (2-12-1916) Madrid	Madrid	Presenta dos reglamentos. Otro presidente Mauricio Moses 2-12-1906. Baja por no remitir los balances. Signatura 36/3108, pág. 1660
Sociedad Madrileña de Esgrima	José María Valls	Fomento de la esgrima	10-07-15	marqués de Leganés- Madrid	Madrid	Presenta dos reglamentos. Baja por no dar razón de su existencia. Signatura 36/3108, pág. 1666

NOMBRE	PRESIDENTE/ DIRECTOR	ACTIVIDAD A LA QUE SE DEDICA	FECHA DE CONSTITUCIÓN DE LA SOCIEDAD	POBLACIÓN	PROVINCIA	OBSERVACIONES
El Escudo	Francisco Dávila	Fomentar la afición al juego del foot-ball	27-08-15	Ronda del Conde-Duque-Madrid	Madrid	Presenta dos reglamentos. Baja por no dar razón de su existencia. Signatura 36/3108, pág. 1686
Juvenia Club	Luis Moreno	Sportiva	29-08-15	C/ San Marcos Madrid	Madrid	Presenta dos reglamentos. Baja por no dar razón de su existencia. Signatura 36/3108, pág. 1688
Sociedad Cultural Deportiva	Federico Orriols	Sportiva	15-09-15	C/ Cabeza-Madrid	Madrid	Presenta dos reglamentos. Otro presidente Francisco Bartrina. Disuelta. Signatura 36/3108, pág. 1695

NOMBRE	PRESIDENTE/ DIRECTOR	ACTIVIDAD A LA QUE SE DEDICA	FECHA DE CONSTITUCIÓN DE LA SOCIEDAD	POBLACIÓN	PROVINCIA	OBSERVACIONES
Sociedad Alpina B.A.T.	Francisco Moltó	Fomento de las aficiones campestres	04-03-16	Plaza de las Cortes-Madrid	Madrid	Presenta dos reglamentos. Disuelta. Signatura 36/3108, pág. 1773
Sociedad Deportiva Obrera	Felipe Peña	Sportiva	09-09-16	C/ Piamonte-Madrid	Madrid	Presenta dos reglamentos. Disuelta. Signatura 36/3108, pág. 1842
Castilla	José Escrivá de Romaní	Fomento y desarrollo del juego del foot-ball	17-09-16	C/ Españolete-Madrid	Madrid	Presenta dos reglamentos. Baja por no dar razón de su existencia. Signatura 36/3108, pág. 1844

NOMBRE	PRESIDENTE/ DIRECTOR	ACTIVIDAD A LA QUE SE DEDICA	FECHA DE CONSTITUCIÓN DE LA SOCIEDAD	POBLACIÓN	PROVINCIA	OBSERVACIONES
Grupo Cultural Deportivo de los Empleados del Banco Hispano Americano	Manuel Frade	Sportiva	15-10-16	Plaza Canalejas- Madrid	Madrid	Presenta dos reglamentos. Otro nombre Hispano Club 12-5-1925. Convalidada el 17-3-1941. Signatura 36/3108, pág. 1851
Balin-Club	Gabriel Palencia	Practicar el tiro al blanco	22-10-16	San Lorenzo de El Escorial	Madrid	Presenta dos reglamentos. Disuelta el 12-6-1926. Signatura 36/3108, pág. 1855
Recreativo Español	Francisco Contreras	Fomento y desarrollo del juego del foot-ball	18-11-16	C/ Montesa Madrid	Madrid	Presenta dos reglamentos. Disuelta. Signatura 36/3108, pág. 1863

NOMBRE	PRESIDENTE/ DIRECTOR	ACTIVIDAD A LA QUE SE DEDICA	FECHA DE CONSTITUCIÓN DE LA SOCIEDAD	POBLACIÓN	PROVINCIA	OBSERVACIONES
Unión Deportiva Castellana	Carlos Ortega	Sportiva	28-01-17	C/ Valencia// Aduana (15-3-1919) Madrid	Madrid	Presenta dos reglamentos. Baja por no dar razón de su existencia. Signatura 36/3108, pág. 1898
Sociedad de Caza de Madrid	S.M. el rey	Sportiva	04-04-17	Alcorcón (Venta de la Rubia)	Madrid	Presenta dos reglamentos. Otro presidente Alfonso Pérez 20-3-1918. Signatura 36/3108, pág. 1946
Moto Sport Español	Miguel Sanz	Sportiva	18-05-17	C/ Carmen- Madrid	Madrid	Presenta dos reglamentos. Disuelta el 9-11-1917. Signatura 36/3108, pág. 1956

NOMBRE	PRESIDENTE/ DIRECTOR	ACTIVIDAD A LA QUE SE DEDICA	FECHA DE CONSTITUCIÓN DE LA SOCIEDAD	POBLACIÓN	PROVINCIA	OBSERVACIONES
Los Amigos de la Cava Baja	Ignacio Ramos	Sportiva	11-08-17	C/ Cava Baja-Madrid	Madrid	Presenta dos reglamentos. Baja por no dar razón de su existencia. Signatura 36/3108, pág. 1984
Real Moto Club Español	Pablo Santamaría	Fomento del motociclismo	13-09-17	Pasaje de la Alhambra-Madrid	Madrid	Presenta dos reglamentos. Disuelta 9-11-1917. Signatura 36/3108, pág. 1991
Nacional	Luis Moreno	Sportiva	26-09-17	C/ Justiniano-Madrid	Madrid	Presenta dos reglamentos. Otro nombre Club Deportivo Nacional 2-9-1924. Signatura 36/3108, pág. 1996

NOMBRE	PRESIDENTE/ DIRECTOR	ACTIVIDAD A LA QUE SE DEDICA	FECHA DE CONSTITUCIÓN DE LA SOCIEDAD	POBLACIÓN	PROVINCIA	OBSERVACIONES
Club Deportivo Español	Marcos Pastor	Sportiva	27-09-17	Plaza de Bilbao-Madrid	Madrid	Presenta dos reglamentos. Baja por no dar razón de su existencia. Signatura 36/3108, pág. 1997
Harin	Luis de la Torre	Sportiva	13-11-17	C/ Torrijos-Madrid	Madrid	Presenta dos reglamentos. Baja. Signatura 36/3109, pág. 2011
Real Moto Club Español	Andrés Fernández	Fomento del motorismo	15-12-17	Carrera de San Jerónimo-Madrid	Madrid	Presenta dos reglamentos. Disuelta el 24-2-1923. Signatura 36/3109, pág. 2027
Moto Sport Español	Leopoldo de Velasco	Fomento del motorismo	15-12-17	C/ Carmen-Madrid	Madrid	Presenta dos reglamentos. Disuelta el 24-2-1923. Signatura 36/3109, pág. 2030

NOMBRE	PRESIDENTE/ DIRECTOR	ACTIVIDAD A LA QUE SE DEDICA	FECHA DE CONSTITUCIÓN DE LA SOCIEDAD	POBLACIÓN	PROVINCIA	OBSERVACIONES
Federación Castellana de Atletismo	Julián Ruete	Reglamentar el atletismo	09-03-18	C/ Buenavista-Madrid	Madrid	Presenta dos reglamentos. Otros presidentes Santiago Prada 20-9-1924//Ángel Tejo 12-7-1938. Signatura 36/3109, pág. 2065
Español Balompié	Fernando Mourelle	Sportiva	16-04-18	C/ Fe-Madrid	Madrid	Presenta dos reglamentos. Baja por no dar razón de su existencia. Signatura 36/3109, pág. 2074
Club Norte	Francisco de Bustos	Desarrollar la afición al football	29-10-18	C/ Teruel-Madrid	Madrid	Presenta dos reglamentos. Baja. Signatura 36/3109, pág. 2139

NOMBRE	PRESIDENTE/ DIRECTOR	ACTIVIDAD A LA QUE SE DEDICA	FECHA DE CONSTITUCIÓN DE LA SOCIEDAD	POBLACIÓN	PROVINCIA	OBSERVACIONES
Río de la Plata Foot Ball Club	Rafael Martínez	Sportiva	22-11-18	C/ Alcalá-Madrid	Madrid	Presenta dos reglamentos. Otro nombre Sociedad Deportiva Río de la Plata 20-6-1921. Disuelta 21-2-1928. Signatura 36/3109, pág. 2150
Agrupación Deportiva Ferroviaria	Leocadio Martín	Sportiva	30-12-18	C/ Moratín-Madrid	Madrid	Estatuto y reglamentos por duplicado. Otros presidentes Ramón González 6-8-1919//Ángel Leoz 9-12-1919. Revalidada 27-7-1940. Signatura 36/3109, pág. 2167
Madrid Ciclo Sport	Miguel Gutiérrez	Fomento del ciclismo	12-01-19	Plaza del Matute-Madrid	Madrid	Presenta dos reglamentos. Baja. Signatura 36/3109, pág. 2173

NOMBRE	PRESIDENTE/ DIRECTOR	ACTIVIDAD A LA QUE SE DEDICA	FECHA DE CONSTITUCIÓN DE LA SOCIEDAD	POBLACIÓN	PROVINCIA	OBSERVACIONES
Patria Balompié	Juan de Tena Dávila	Cultivar el juego del foot-ball	09-02-19	C/ Pacífico- Madrid	Madrid	Presenta dos reglamentos. Otro presidente Andrés Junquera 16-9- 1932. Baja. Signatura 36/3109, pág. 2184
Club Sportivo	Mariano Morón	Recreativa	29-04-19	Aravaca (Cuesta de las Perdices)	Madrid	Presenta dos reglamentos. Disuelta el 23-6- 1926. Signatura 36/3109, pág. 2242
Club Español de Madrid	Ramiro Vicente	Sportiva	03-10-19	C/ San Vicente- Madrid	Madrid	Presenta dos reglamentos. Otro presidente Ruperto Salazar 1- 10-1924. Baja. Signatura 36/3109, pág. 2321

NOMBRE	PRESIDENTE/ DIRECTOR	ACTIVIDAD A LA QUE SE DEDICA	FECHA DE CONSTITUCIÓN DE LA SOCIEDAD	POBLACIÓN	PROVINCIA	OBSERVACIONES
Helios	Arturo Anora	Excursionista	18-11-19	Travesía de San Lorenzo-Madrid	Madrid	Presenta dos reglamentos. Baja. Signatura 36/3109, pág. 2340
Sociedad Deportiva de San Lorenzo	Ricardo Sanz	Deportiva	01-01-20	San Lorenzo de El Escorial	Madrid	Presenta dos reglamentos. Disuelta. Signatura 36/3109, pág. 2367
Londobank Sports Club	Luis Ruiz Cobanera	Deportiva-Artística	20-02-20	Avda. conde Peñalver-Madrid	Madrid	Presenta dos reglamentos. Baja por no dar razón de su existencia. Signatura 36/3110, pág. 2401

NOMBRE	PRESIDENTE/ DIRECTOR	ACTIVIDAD A LA QUE SE DEDICA	FECHA DE CONSTITUCIÓN DE LA SOCIEDAD	POBLACIÓN	PROVINCIA	OBSERVACIONES
Sociedad Deportiva Banco Hipotecario de España	Francisco Moragas	Deportiva	24-04-20	Paseo Recoletos-Madrid	Madrid	Presenta dos reglamentos. Otro nombre Grupo Deportivo Cultural Banco Hipotecario 3-6-1925. Revalidada 8-5-1941. Signatura 36/3110, pág. 2435
Iris Sport	Antonio Sanz	Sportiva	01-09-20	C/ Gravina-Madrid	Madrid	Presenta dos reglamentos. Disuelta. Signatura 36/3110, pág. 2500
Arenas Sporting Club	Ignacio Araujo	Deportiva	19-09-20	C/ Buen Suceso-Madrid	Madrid	Presenta dos reglamentos. Otro nombre Arenas Reja Club 28-9-1933. Signatura 36/3110, pág. 2502

NOMBRE	PRESIDENTE/ DIRECTOR	ACTIVIDAD A LA QUE SE DEDICA	FECHA DE CONSTITUCIÓN DE LA SOCIEDAD	POBLACIÓN	PROVINCIA	OBSERVACIONES
Peña Ajedrecista de Madrid	Miguel Romaguera Cornejo	Recreativa	09-10-20	C/ Guipúzcoa-Madrid	Madrid	Presenta dos reglamentos. Baja por no dar razón de su existencia. Signatura 36/3110, pág. 2509
Anglo South American Bank Sporting Club	Miguel Mazón	Deportiva	25-12-20	Avda. conde Peñalver-Madrid	Madrid	Presenta dos reglamentos. Disuelta. Signatura 36/3110, pág. 2531

MÁLAGA

El Archivo Histórico Provincial de Málaga se encuentra en la C/ Martínez de la Rosa, nº 8, en Málaga. Nos ponemos en contacto, con dicho archivo, vía email el veintinueve de junio de 2012, preguntando por los libros de asociaciones hasta 1920 y nos indica una archivera que no tiene la documentación. El resultado es que no disponemos de datos sobre las sociedades deportivas anteriores a 1920.

Figura 33: Entrada del Archivo Histórico Provincial de Málaga

MELILLA

El Archivo Central de Melilla está ubicado en la Plaza de la Parada, nº 1, en Melilla. Nos ponemos en comunicación, con dicho repertorio, vía email el tres de julio de 2012, preguntando por los libros de asociaciones hasta 1920 y nos señala una funcionaria que no tiene la documentación. La consecuencia es que no tenemos información sobre las sociedades deportivas anteriores a 1920.

Figura 34: Entrada del Archivo Central de Melilla

MURCIA

El Archivo Histórico Provincial de Murcia se encuentra en la Avda. de los Pinos, nº 4, en Murcia. Nos ponemos en contacto, con dicho archivo, vía telefónica el seis de julio de 2012, preguntando por los libros de asociaciones hasta 1920 y nos anuncia un archivero que tiene la información. Efectuamos la visita el tres de agosto de 2012 por la mañana, los documentos se encuentran en el Fondo Gobierno Civil de Murcia; Serie Asociaciones y orden público. Registro de asociaciones (1888-1927). La inscripción más antigua corresponde con Del Estadio, del 22 de noviembre de 1888, tenía por objeto la explotación de la pesquería y pertenecía al Ayuntamiento de San Javier. Tras acabar hallamos estas sociedades deportivas hasta 1920.

Figura 35: Entrada del Archivo Histórico Provincial de Murcia

NOMBRE	PRESIDENTE/ DIRECTOR	ACTIVIDAD A LA QUE SE DEDICA	FECHA DE CONSTITUCIÓN DE LA SOCIEDAD	POBLACIÓN	PROVINCIA	OBSERVACIONES
Gimnasio		Recreo	3-3-1889 (fecha presentación del reglamento)	Cartagena	Murcia	Cuotas mensuales para atender a los gastos. Administración por un presidente. Signatura: gob, 6580, pág. 1v.
Club de Regatas		Recreo	28-3-1889 (fecha presentación del reglamento)	Águilas	Murcia	Cuotas mensuales para atender a los gastos y entradas. Disuelta. Signatura: gob, 6580, pág. 1v.
Círculo de Esgrima		Enseñanza de la esgrima y recreo	4-9-1890 (fecha presentación del reglamento)	Cartagena	Murcia	Cuotas mensuales. Signatura: gob, 6580, pág. 4v.
Círculo Ciclista de Cartagena		Recreo	12-3-1897 (fecha presentación del reglamento)	Cartagena	Murcia	Cuotas mensuales. Signatura: gob, 6580, pág. 18
Círculo Ciclista Comercial		Recreo	3-7-1897 (fecha presentación del reglamento)	Cartagena	Murcia	Cuotas mensuales. Signatura: gob, 6580, pág. 18v.
The Garden Sport		Recreo	10-3-1899 (fecha presentación del reglamento)	Murcia	Murcia	Cuotas mensuales. Signatura: gob, 6580, pág. 20

NOMBRE	PRESIDENTE/ DIRECTOR	ACTIVIDAD A LA QUE SE DEDICA	FECHA DE CONSTITUCIÓN DE LA SOCIEDAD	POBLACIÓN	PROVINCIA	OBSERVACIONES
Sociedad de Cazadores		Fomento de la caza	03-11-00 (fecha presentación del reglamento)	Yecla	Murcia	Cuota de 1 pta. los días de tiro y pago de 0'25 ptas. por cada paloma que maten. Signatura: gob, 6580, pág. 24
Tiro Nacional		Recreo	26-03-01 (fecha presentación del reglamento)	Cieza	Murcia	Cuotas mensuales. Disuelta el 9-8-1909. Signatura: gob, 6580, pág. 25v.
Tiro Nacional		Ejercicio del tiro	08-05-01 (fecha presentación del reglamento)	Caravaca	Murcia	Cuotas mensuales. Signatura: gob, 6580, pág. 26
Tiro Nacional		El tiro nacional	28-05-01	Cartagena	Murcia	Cuotas mensuales. Reforma el reglamento el 21-6-1926. Signatura: gob, 6580, pág. 26v.
Club Náutico		Ejercicios marítimos	03-09-01 (fecha presentación del reglamento)	Cartagena	Murcia	Cuota de entrada y mensual. Signatura: gob, 6580, pág. 27v.

NOMBRE	PRESIDENTE/ DIRECTOR	ACTIVIDAD A LA QUE SE DEDICA	FECHA DE CONSTITUCIÓN DE LA SOCIEDAD	POBLACIÓN	PROVINCIA	OBSERVACIONES
Tiro Nacional		Ejercicios de tiro	06-06-02 (fecha presentación del reglamento)	Mazarrón	Murcia	Cuotas mensuales. Signatura: gob, 6580, pág. 33v.
Sociedad de Cazadores de Murcia y Espinardo		Formar coto de caza y fomentarla	19-11-02 (fecha presentación del reglamento)	Murcia	Murcia	Cuotas mensuales. Disuelta el 1-8-1913. Signatura: gob, 6580, pág. 39v.
Círculo de Cazadores		Recreo	26-09-04 (fecha presentación del reglamento)	Mazarrón	Murcia	Cuota social. Signatura: gob, 6580, pág. 48v.
Football Club		Fomento del juego football	10-02-05 (fecha presentación del reglamento)	Águilas	Murcia	Cuota. Signatura: gob, 6580, pág. 50
Asociación General de Cazadores y Pescadores		Fomento de la caza	22-08-05 (fecha presentación del reglamento)	Cartagena	Murcia	Cuota social. Signatura: gob, 6580, pág. 51v.
Club de Regatas		Sociedad de sport	28-10-05 (fecha presentación del reglamento)	Cartagena	Murcia	Cuotas. Signatura: gob, 6580, pág. 52

NOMBRE	PRESIDENTE/ DIRECTOR	ACTIVIDAD A LA QUE SE DEDICA	FECHA DE CONSTITUCIÓN DE LA SOCIEDAD	POBLACIÓN	PROVINCIA	OBSERVACIONES
Murcia Fotball Club		Sport	27-03-06 (fecha presentación del reglamento)	Murcia	Murcia	Cuotas. En caso de disolución de la sociedad dar el dinero a los pobres. Signatura: gob, 6580, pág. 53
Club de Regatas		Sport	22-01-08 (fecha presentación del reglamento)	Cartagena	Murcia	Disuelta y reconstituida. Signatura: gob, 6580, pág. 56v.
Sportin Club Unión		Fomento del juego football	24-09-08 (fecha presentación del reglamento)	La Unión	Murcia	Cuotas mensuales. Signatura: gob, 6580, pág. 59
Club Victoria		Recreo	21-04-10 (fecha presentación del reglamento)	Cartagena	Murcia	Cuotas mensuales. Disuelta y reconstituida. Signatura: gob, 6580, pág. 63v.
Club Deportivo Aguileño		Fomento de la Educación Física	06-02-12	Águilas	Murcia	Cuotas de socios. Reforma el reglamento el 23-3-1920 y el 17-5-1933. Signatura: gob, 6580, pág. 71

NOMBRE	PRESIDENTE/ DIRECTOR	ACTIVIDAD A LA QUE SE DEDICA	FECHA DE CONSTITUCIÓN DE LA SOCIEDAD	POBLACIÓN	PROVINCIA	OBSERVACIONES
Real Club de Regatas		Desarrollo de afición marítima y progreso de la construcción naval	09-03-12 (fecha presentación del reglamento)	Cartagena	Murcia	Cuotas de socios. Signatura: gob, 6580, pág. 72
Los Exploradores		Desarrollar en la juventud el amor a la patria	03-01-13	Murcia	Murcia	Cuotas de socios. Signatura: gob, 6580, pág. 75bis.
Los Exploradores		Desarrollo amor a la patria	27-01-13 (fecha presentación del reglamento)	Cartagena	Murcia	Cuotas de socios. Signatura: gob, 6580, pág. 77
Sporting Club		Deportivo	03-02-13 (fecha presentación del reglamento)	La Unión	Murcia	Cuotas de socios. Disuelta el 31-10-1914. Signatura: gob, 6580, pág. 78
Club Náutico del Mar Menor		Fomentar aficiones marítimas	22-06-13	Los Alcázares	Murcia	Cuotas de socios. Reforma el reglamento el 6-10-1914. Signatura: gob, 6580, pág. 81

NOMBRE	PRESIDENTE/ DIRECTOR	ACTIVIDAD A LA QUE SE DEDICA	FECHA DE CONSTITUCIÓN DE LA SOCIEDAD	POBLACIÓN	PROVINCIA	OBSERVACIONES
Sociedad de Cazadores		Sport cinegético	14-01-14 (fecha presentación del reglamento)	Mazarrón	Murcia	Cuotas de socios. Signatura: gob, 6580, pág. 87
Automóvil Club de Murcia		Protección y defensa del automovilismo	01-03-14	Murcia	Murcia	Cuotas de socios. Disuelta en mayo de 1931. Signatura: gob, 6580, pág. 88v.
Recreativa de Pesca		Recreo	17-10-14 (fecha presentación del reglamento)	Cartagena	Murcia	Cuotas de socios. Disuelta el 16-1-1916. Signatura: gob, 6580, pág. 94v.
Athletic Club de Murcia		Propaganda y recreo	16-04-16	Murcia	Murcia	Cuotas de socios. Signatura: gob, 6580, pág. 104v.
Club Gimnástico		Educación y propaganda	23-02-17	Puerto de Mazarrón	Murcia	Cuotas de socios. Disuelta el 20-4-1920. Signatura: gob, 6580, pág. 113
Los Exploradores		Instrucción y propaganda	13-02-17	San Javier	Murcia	Cuotas de socios. Signatura: gob, 6580, pág. 113

NOMBRE	PRESIDENTE/ DIRECTOR	ACTIVIDAD A LA QUE SE DEDICA	FECHA DE CONSTITUCIÓN DE LA SOCIEDAD	POBLACIÓN	PROVINCIA	OBSERVACIONES
Los Exploradores		Instrucción y propaganda	16-03-17 (fecha presentación del reglamento)	Mula	Murcia	Cuotas de socios. Signatura: gob, 6580, pág. 114v.
Los Exploradores		Instrucción de la juventud	06-10-17	Mazarrón	Murcia	Cuotas de socios y donativos. Signatura: gob, 6580, pág. 119
Águilas Lawn Tennis Club		Recreativo	03-03-18	Águilas	Murcia	Cuotas de socios. Signatura: gob, 6580, pág. 124
Los Exploradores		Instrucción e ilustración	29-06-18	Calasparra	Murcia	Cuotas. Signatura: gob, 6580, pág. 132v.
Los Exploradores		Desarrollo de la cultura	27-08-18	Águilas	Murcia	Cuotas de socios. Reforma reglamento 10-9-1918. Signatura: gob, 6580, pág. 99
Cartagena F.C.		Recreo-Sport	24-01-20	Cartagena	Murcia	Cuotas de socios. Signatura: gob, 6580, pág. 158v.
Club Instructivo de Regatas		Recreo e instrucción	27-01-20	Santiago de la Rivera	Murcia	Cuotas de socios. Signatura: gob, 6580, pág. 159

NOMBRE	PRESIDENTE/ DIRECTOR	ACTIVIDAD A LA QUE SE DEDICA	FECHA DE CONSTITUCIÓN DE LA SOCIEDAD	POBLACIÓN	PROVINCIA	OBSERVACIONES
R. Levante Foot Ball Club (está tachado este nombre e indica: Real Murcia F. C.)		Esport	28-02-20	Murcia	Murcia	Cuotas de socios. Reforma reglamentos el 21-2-1924. Signatura: gob, 6580, pág. 161v.
Los Exploradores		Estimular en la juventud el amor a la patria	18-06-20	Cieza	Murcia	Cuotas de socios. Signatura: gob, 6580, pág. 168
Los Exploradores		Estimular en la juventud el amor a la patria	22-06-20	Bullar	Murcia	Cuotas de socios. Signatura: gob, 6580, pág. 168

NAVARRA

El Archivo Real y General de Navarra está situado en la C/ Dos de Mayo, s/n, en Pamplona. Nos ponemos en comunicación, con dicho repertorio, vía email el veintinueve de junio de 2012, preguntando por los libros de asociaciones hasta 1920 y nos indica una funcionaria que tiene la información de los libros de registro de asociaciones a partir de 1920 y conservan los informes de las asociaciones de años anteriores, aunque no los libros. Efectuamos la visita el diez de agosto de 2012 por la mañana, los expedientes se encuentran en el Fondo Gobierno Civil; Serie Asociaciones. Tras finalizar obtenemos estas sociedades deportivas hasta 1920.

Figura 36: Entrada del Archivo Real y General de Navarra

NOMBRE	PRESIDENTE/ DIRECTOR	ACTIVIDAD A LA QUE SE DEDICA	FECHA FIRMA DEL GOBERNADOR CIVIL	POBLACIÓN	PROVINCIA	OBSERVACIONES
Sociedad Cinegética del Monte	Fridoro Sagredo	Utilización del monte de Mendavia para la caza	07-03-01	Mendavia	Navarra	Cuota mensual de 1'75 ptas. Signatura, caja 41 nº 6
Sociedad de Cazadores	Florentino Miranda	Proteger la caza en tiempo de veda	24-02-04	Lodosa	Navarra	Signatura, caja 36 nº 5
Sociedad de Caza	José María Arbeloa	Fomentar el desarrollo de la caza	01-03-07	Carcastillo	Navarra	Signatura, caja 13 nº 3
Sociedad de Cazadores Murillo el Fruto	Laureano Otano	Desarrollo de la caza	23-05-07	Murillo el Fruto	Navarra	Signatura, caja 47 nº 26
Sociedad Venatoria de Tafalla	Jesús Campos	Conservación y fomento de la caza	22-06-07	Tafalla	Navarra	Tiene inicialmente 35 socios. Cuota mensual de 0'50 ptas. Signatura, caja 84 nº 8
Sociedad "Veloz Club Tudelano"	Mariano Rubio	Fomentar el sport velocipédico	29-08-10	Tudela	Navarra	Cuota de entrada de 5 ptas. Signatura, caja 88 nº 7

NOMBRE	PRESIDENTE/ DIRECTOR	ACTIVIDAD A LA QUE SE DEDICA	FECHA FIRMA DEL GOBERNADOR CIVIL	POBLACIÓN	PROVINCIA	OBSERVACIONES
Sociedad de Cazadores "la Cinegética de Lerín"	Joaquín Pardo	Higiénico ejercicio de la caza	09-05-14	Lerín	Navarra	Signatura, caja 34 nº 7
Asociación de Cazadores y Pescadores de Navarra	Pedro Uranga	Ejercer el derecho de cazar y pescar	22-12-14	Pamplona	Navarra	Cuota mensual de 0'50 ptas. Signatura, caja 56 nº 5
Asociación los Exploradores de España	Ángel Buelta del Pozo (teniente guardia civil)	Fomentar el amor a la patria	19-02-16	Tudela	Navarra	Signatura, caja 88 nº 9
Asociación de Cazadores "La Cinegética"	Francisco Garro	Propagación de la caza	10-10-16	Leitza	Navarra	Signatura, caja 33 nº 15
Pamplona Lawn Tennis Club	Jesús Jaurrieta	Fomento del juego del tennis	05-07-18	Pamplona	Navarra	Cuota de entrada 25 ptas. caballeros y 12'50 ptas. las damas. Cuota mensual 5 y 2 ptas. respectivamente. Signatura, caja 56 nº 12

NOMBRE	PRESIDENTE/ DIRECTOR	ACTIVIDAD A LA QUE SE DEDICA	FECHA FIRMA DEL GOBERNADOR CIVIL	POBLACIÓN	PROVINCIA	OBSERVACIONES
Sociedad "Sportiva Foot-Ball Club"	Alberto Marquís	Tiene por objeto dedicarse a toda clase de sports especialmente el del foot-ball	23-05-19	Pamplona	Navarra	Modificación de estatutos el 19 y 24-10-1920 cambiando la denominación por la de Club Osasuna. Signatura, caja 57 nº 4

ORENSE (OURENSE)

El Archivo Histórico Provincial de Orense se encuentra en la C/ Hernán Cortés, nº 2, en Orense. Nos ponemos en contacto, con dicho archivo, vía telefónica el dieciocho de mayo de 2012, preguntando por los libros de asociaciones hasta 1920 y nos señala una archivera que no tiene ninguna documentación sobre asociaciones. La conclusión es que no poseemos referencias sobre las sociedades deportivas anteriores a 1920.

Figura 37: Entrada del Archivo Histórico Provincial de Orense

PALENCIA

El Archivo Histórico Provincial de Palencia está ubicado en la C/ Niños del Coro, nº 4, en Palencia. Nos ponemos en comunicación, con dicho repertorio, vía telefónica el dos de mayo de 2012, preguntando por los libros de asociaciones hasta 1920 y nos anuncia un archivero que no tiene ninguna documentación sobre asociaciones, porque en los años 50 del siglo XX se hizo un expurgo brutal de toda la documentación anterior a 1940 y solo conservan la documentación a partir de esa fecha. El resultado es que no disponemos de datos sobre las sociedades deportivas anteriores a 1920.

Figura 38: Entrada del Archivo Histórico Provincial de Palencia

PONTEVEDRA

El Archivo Histórico Provincial de Pontevedra se encuentra en el Paseo de Colón, nº 4, en Pontevedra. Nos ponemos en contacto, con dicho archivo, vía telefónica el veintinueve de junio de 2012, preguntando por los libros de asociaciones hasta 1920 y nos indica un funcionario que tiene la información. Efectuamos la visita el veintisiete de julio de 2012 por la tarde, la documentación se encuentra en la Sección Hacienda, veo una fotocopia porque el original está muy deteriorado. La inscripción más antigua corresponde con el Casino Recreativo, del 28 de noviembre de 1847 y pertenecía al Ayuntamiento de Tuy. Tras terminar encontramos estas sociedades deportivas hasta 1920.

Figura 39: Entrada del Archivo Histórico Provincial de Pontevedra

NOMBRE	PRESIDENTE/ DIRECTOR	ACTIVIDAD A LA QUE SE DEDICA	FECHA DE CONSTITUCIÓN DE LA SOCIEDAD	POBLACIÓN	PROVINCIA	OBSERVACIONES
Gimnasio de Vigo			octubre 1879	Vigo	Pontevedra	Disuelta el 28-12-1936. Libro l 10052, pág. 176
Sociedad Fomentadora de la Caza			18-10-1886	Villagarcía	Pontevedra	Libro l 10052, pág. 177
Velocipedistas de Vigo			29-9-1887 (fecha del reglamento)	Vigo	Pontevedra	Libro l 10052, pág. 176
Fomentadora de la Caza			19-10-1887 (fecha del reglamento)	Cuntis	Pontevedra	Libro l 10052, pág. 18
Gimnasio de Puentearras			14-5-1893	Puentearras	Pontevedra	Libro l 10052, pág. 111
Liceo Gimnasio			17-1-1895	Pontevedra	Pontevedra	Disuelta 17-12-1917. Libro l 10052, pág. 111
Asociación de Aficionados a la Caza			20-5-1897	Vigo	Pontevedra	Libro l 10052, sin número
Sociedad del Tiro Nacional			11-08-00	Tuy	Pontevedra	Libro l 10052, pág. 166

NOMBRE	PRESIDENTE/ DIRECTOR	ACTIVIDAD A LA QUE SE DEDICA	FECHA DE CONSTITUCIÓN DE LA SOCIEDAD	POBLACIÓN	PROVINCIA	OBSERVACIONES
La Liga Marítima			28-02-01	Vigo	Pontevedra	Libro l 10052, pág. 177
Centro Ciclista de Vigo			04-04-02	Vigo	Pontevedra	Libro l 10052, sin número
Sociedad de Cazadores del Valle del Miño			29-03-03	Bayona	Pontevedra	Libro l 10052, pág. 6
Fomentadora de la Caza			09-04-04	Moraña	Pontevedra	Libro l 10052, sin número
Protectora de Caza y Pesca			18-07-04	Valga	Pontevedra	Libro l 10052, sin número
Aficionados a la Caza			12-05-05	Cangas	Pontevedra	Libro l 10052, pág. 19
Fortuna Foot Ball Club			11-09-05	Vigo	Pontevedra	Disuelta el 12-7-1923. Libro l 10052, pág. 179
Fomentadora de la Caza y Pesca			07-01-06	Caldas	Pontevedra	Libro l 10052, pág. 19
Protectora de la Caza			25-03-06	Sangenjo	Pontevedra	Libro l 10052, pág. 151
Gimnasio de Caldas			19-05-06	Caldas	Pontevedra	Libro l 10052, pág. 19

NOMBRE	PRESIDENTE/ DIRECTOR	ACTIVIDAD A LA QUE SE DEDICA	FECHA DE CONSTITUCIÓN DE LA SOCIEDAD	POBLACIÓN	PROVINCIA	OBSERVACIONES
"La Amistad" Caza y Pesca			01-07-06	Lalín	Pontevedra	Libro l 10052, pág. 75
Villagarcía Foot Booll Club			31-10-06	Villagarcía	Pontevedra	Libro l 10052, pág. 179
Vigo Foot Ball Club			02-06-07	Vigo	Pontevedra	Disuelta 11-8-1923. Libro l 10052, pág. 179
Español Foot Ball Club			04-07-07	Vigo	Pontevedra	Reformado en febrero 1920. Libro l 10052, pág. 179
Alcabre Foot Ball Club			10-03-08	Vigo	Pontevedra	Libro l 10052, pág. 179
Industria Foot Ball Club			14-03-08	Vigo	Pontevedra	Libro l 10052, pág. 179
Teis Foot Ball Club			20-03-08	Vigo	Pontevedra	Libro l 10052, sin número
Real Club Náutico			08-10-08	Vigo	Pontevedra	Libro l 10052, sin número
Vengador Foot Ball Club			13-11-08	Vigo	Pontevedra	Libro l 10052, sin número
Atletic Foot Ball Club			08-01-09	Vigo	Pontevedra	Libro l 10052, sin número

NOMBRE	PRESIDENTE/ DIRECTOR	ACTIVIDAD A LA QUE SE DEDICA	FECHA DE CONSTITUCIÓN DE LA SOCIEDAD	POBLACIÓN	PROVINCIA	OBSERVACIONES
Centro Científico-Deportivo			05-02-10	Redondela	Pontevedra	Libro l 10052, pág. 136
Sporting Club de Vigo			16-07-11	Vigo	Pontevedra	Libro l 10052, pág. 180
Club Atlántico			06-05-12	Vigo	Pontevedra	Libro l 10052, pág. 180
Victoria Foot-Ball Club			13-07-12	Pontevedra	Pontevedra	Libro l 10052, pág. 114
Club de Regatas			01-08-12	Villagarcía	Pontevedra	Reforma de reglamento 26/01/1955. Libro l 10052, pág. 180
Gimnástica Española Foot Ball Club			31-08-12	Vigo	Pontevedra	Libro l 10052, pág. 180
Auténtico Pontevedra Sporting Club			16-10-12	Pontevedra	Pontevedra	Libro l 10052, pág. 114
Exploradores Pontevedreses			09-03-13	Pontevedra	Pontevedra	Libro l 10052, pág. 114

NOMBRE	PRESIDENTE/ DIRECTOR	ACTIVIDAD A LA QUE SE DEDICA	FECHA DE CONSTITUCIÓN DE LA SOCIEDAD	POBLACIÓN	PROVINCIA	OBSERVACIONES
Pescadores de Caña de la Región Gallega			30-08-13	Vigo	Pontevedra	Libro l 10052, pág. 181
Federación Gallega de Clubs de Foot Ball			27-09-13	Vigo	Pontevedra	Libro l 10052, pág. 181
Club Fénix de Bouzas			07-10-13	Vigo	Pontevedra	Libro l 10052, pág. 181
Caza y Pesca "La Veguera"			23-10-13	Vigo	Pontevedra	Libro l 10052, pág. 181
Vigo Sporting Club			19-12-13	Vigo	Pontevedra	Libro l 10052, pág. 181
Moaña Foot-Ball Club			22-10-14	Moaña	Pontevedra	Libro l 10052, pág. 86
Club Z de Vigo Foot-Ball			24-10-14	Vigo	Pontevedra	Libro l 10052, pág. 181
Galicia Foot-Ball Club			06-04-15	Lavadores	Pontevedra	Libro l 10052, sin número
Caza y Pesca del Distrito de Caldas de Reyes			08-04-15	Estrada	Pontevedra	Libro l 10052, pág. 48

NOMBRE	PRESIDENTE/ DIRECTOR	ACTIVIDAD A LA QUE SE DEDICA	FECHA DE CONSTITUCIÓN DE LA SOCIEDAD	POBLACIÓN	PROVINCIA	OBSERVACIONES
Agrupación Deportiva			15-07-15	Vigo	Pontevedra	Libro l 10052, pág. 181
Club Racing Deportiva			15-07-15	Vigo	Pontevedra	Libro l 10052, pág. 181
Japio Foot-Ball-Club			11-01-16	Redondela	Pontevedra	Libro l 10052, pág. 136
Los Exploradores de España			13-07-17	Redondela	Pontevedra	Libro l 10052, sin número
Club Rápido (Foot Ball)			12-08-17	Vigo	Pontevedra	Libro l 10052, sin número
Alfonso XIII Foot-Ball Club			17-08-17	Villagarcía	Pontevedra	Libro l 10052, sin número
Club Deportivo Foot Ball			02-02-18	Pontevedra	Pontevedra	Libro l 10052, pág. 115
Pontevedra Atletic Club			01-09-19	Pontevedra	Pontevedra	Libro l 10052, pág. 115
Gimnástica-Recreativa de Artesanos			14-09-19	Vigo	Pontevedra	Libro l 10052, sin número
Redondela Sporting Club			05-10-19	Redondela	Pontevedra	Libro l 10052, sin número

NOMBRE	PRESIDENTE/ DIRECTOR	ACTIVIDAD A LA QUE SE DEDICA	FECHA DE CONSTITUCIÓN DE LA SOCIEDAD	POBLACIÓN	PROVINCIA	OBSERVACIONES
Liga Gallega de Clubs de Fútbol			05-10-19	Vigo	Pontevedra	Libro l 10052, pág. 183
Unión Sporting			10-10-19	Villagarcía	Pontevedra	Libro l 10052, pág. 183
Club Suevia (Foot-Ball)			21-11-19	Vigo	Pontevedra	Libro l 10052, pág. 183
Ulla Foot-Ball Club			10-12-19	Valga	Pontevedra	Libro l 10052, pág. 183
Nuevo Club de Pontevedra			01-05-20	Pontevedra	Pontevedra	Libro l 10052, sin número
Mondariz Foot-Ball Club			01-06-20	Mondariz	Pontevedra	Libro l 10052, pág. 87
Lanark Atletic Club Foot Ball			10-06-20	Vigo	Pontevedra	Libro l 10052, pág. 183
Club de Lawn Tennis de Bayona			30-08-20	Bayona	Pontevedra	Libro l 10052, sin número

SALAMANCA

El Archivo Histórico Provincial de Salamanca está situado en la C/ Las Mazas, s/n, en Salamanca. Nos ponemos en comunicación, con dicho repertorio, vía telefónica el once de julio de 2012, preguntando por los libros de asociaciones hasta 1920 y nos señala una funcionaria que tiene la información. Efectuamos la visita el veintiuno de enero de 2013 por la tarde, la documentación se encuentra en el Fondo Gobierno Civil; Sección Registro de asociaciones. Accedo a un libro firmado el veintiuno de febrero de 1931. La inscripción más antigua corresponde con la Escuela de Nobles y Bellas Artes de San Eloy, del 21 de septiembre de 1784 y pertenecía al Ayuntamiento de Salamanca. Tras acabar hallamos estas sociedades deportivas hasta 1920.

Figura 40: Entrada del Archivo Histórico Provincial de Salamanca

NOMBRE	PRESIDENTE/ DIRECTOR	ACTIVIDAD A LA QUE SE DEDICA	FECHA DE ALTA	POBLACIÓN	PROVINCIA	OBSERVACIONES
Asociación de Cazadores de Salamanca y su Provincia		Defensa de la caza, pesca e intereses agrícolas	21-04-20	Salamanca	Salamanca	Forma de administración y gobierno a través de junta directiva y medio de sostenimiento mediante cuotas de socios. Signatura 4045, pág. 19

SEGOVIA

El Archivo Histórico Provincial de Segovia se encuentra en la C/ Capuchinos Alta, nº 7, en Segovia. Nos ponemos en contacto, con dicho archivo, vía telefónica el dos de mayo de 2012, preguntando por los libros de asociaciones hasta 1920 y nos anuncia un archivero que tiene la información. Efectuamos la visita el cuatro de junio de 2012 por la tarde, la documentación se encuentra en el Fondo Gobierno Civil; Serie Libros de Registro de asociaciones. La inscripción más antigua corresponde con el Círculo Caucense, del 16 de marzo de 1887, presidido por Eugenio González, tenía por objeto el recreo y pertenecía al Ayuntamiento de Coca. Tras finalizar obtenemos estas sociedades deportivas hasta 1920.

Figura 41: Entrada del Archivo Histórico Provincial de Segovia

NOMBRE	PRESIDENTE/ DIRECTOR	ACTIVIDAD A LA QUE SE DEDICA	FECHA DE CONSTITUCIÓN DE LA SOCIEDAD	POBLACIÓN	PROVINCIA	OBSERVACIONES
Federación Gimnástica	Rafael Navarro	Recreo	05-11-01 (fecha presentación de estatutos)	Segovia	Segovia	Dos ejemplares de su reglamento. Libro 1, pág. 25
El Tiro de Pichón	conde de Allíuz	Recreo	14-10-03 (fecha presentación de estatutos)	San Ildefonso	Segovia	Dos ejemplares de su reglamento. Libro 1, pág. 52
Sociedad de Cazadores de Segovia y su Provincia	Emilio García Martínez	Fomento de la caza	10-06-11	Segovia	Segovia	Dos ejemplares de su reglamento. Libro 1, pág. 136
Los Exploradores de España	Francisco Alomán	Instructiva	28-02-13	Segovia	Segovia	Dos ejemplares de su reglamento. Libro 1, pág. 169
Asociación de Agricultores y Cazadores de Castilla la Vieja	Juan Cataneo	Defensa de la caza	07-08-13	Segovia	Segovia	Instancia y dos ejemplares de su reglamento. Libro 1, pág. 181
Representación del Tiro Nacional	Pedro Pettender	Tiro nacional	11-10-14	Segovia	Segovia	Dos ejemplares de su reglamento. Libro 1, pág. 22
Sociedad de Caza de Villacastín	Guillermo Ortiz de las Rozas	Disfrute de aprovechamiento de caza	09-08-15	Villacastín	Segovia	Dos ejemplares de su reglamento. Libro 1, pág. 44

SEVILLA

El Archivo Histórico Provincial de Sevilla está ubicado en la C/ Almirante Apodaca, nº 4, en Sevilla. Nos ponemos en comunicación, con dicho repertorio, vía email el dos de mayo de 2012, preguntando por los libros de asociaciones hasta 1920 y nos indica una archivera que tienen la información en la Delegación del Gobierno en Andalucía, Plaza de España Torre Sur en Sevilla. El libro se comenzó en 1907 y según diligencia que consta en la primera página, recopilo la información que pudo ser salvada tras un incendio el 10 de julio de 1906. Efectuamos la visita el uno de agosto de 2012 por la mañana, la documentación no tiene clasificación de archivo porque está en la propia Delegación del Gobierno. La inscripción más antigua corresponde con la Liga Obrera Carmonense, del 26 de junio de 1887, tenía por objeto la resistencia, era de carácter obrero y pertenecía al Ayuntamiento de Carmona. Tras terminar encontramos estas sociedades deportivas hasta 1920.

Figura 42: Entrada de la Delegación del Gobierno en Andalucía

NOMBRE	PRESIDENTE/ DIRECTOR	ACTIVIDAD A LA QUE SE DEDICA	FECHA DE CONSTITUCIÓN DE LA SOCIEDAD	POBLACIÓN	PROVINCIA	OBSERVACIONES
Ateneo y Sociedad de Excursiones		Instrucción y excursiones arqueológicas	30-11-1894	Sevilla	Sevilla	Se pone esa fecha de constitución porque es cuando presenta el reglamento pero se fundó el 6-3-1887. Reforma su reglamento el 6-2-1903. Libro 1º, pág. 19
Sociedad de Carreras de Caballos		Fomento y mejora de las razas caballares	27-05-02	Sevilla	Sevilla	Reforma el reglamento el 28-12-1915. Libro 1º, pág. 27
Nueva Sociedad de Tiro de Pichones		Recreo	21-07-03	Sevilla	Sevilla	Libro 1º, pág. 19
Sociedad Colombófila de Andalucía		Propagar la afición a las palomas mensajeras	13-01-07	Sevilla	Sevilla	Libro 1º, pág. 27
Sports		Propaganda de los sports	29-11-07	Sevilla	Sevilla	Libro 1º, pág. 19

NOMBRE	PRESIDENTE/ DIRECTOR	ACTIVIDAD A LA QUE SE DEDICA	FECHA DE CONSTITUCIÓN DE LA SOCIEDAD	POBLACIÓN	PROVINCIA	OBSERVACIONES
Tennis-Club		Fomento del sports	09-10-08	Sevilla	Sevilla	Libro 1º, pág. 34
Real Betis Balompié		Cultivar los deportes	01-02-09	Sevilla	Sevilla	Con fecha 26-8-1915 se reforman los reglamentos fusionándose con esta sociedad la denominada sociedad Real Betis Fooll-Ball Club y desde esta fecha en virtud de R. O. 23-12-1914 se denominará Real Betis Balompié. Libro 1º, pág. 36
Sevilla Footaball Club		Fomentar la afición al juego llamado footaball club	04-03-09	Sevilla	Sevilla	Reforma el reglamento el 27-6-1914. Libro 1º, pág. 36
Agrupación Ciclista Sevillana		Sport	30-09-10	Sevilla	Sevilla	Libro 2º, pág. 3

NOMBRE	PRESIDENTE/ DIRECTOR	ACTIVIDAD A LA QUE SE DEDICA	FECHA DE CONSTITUCIÓN DE LA SOCIEDAD	POBLACIÓN	PROVINCIA	OBSERVACIONES
Sociedad de Tiro de Pichón		Sports	12-08-11	Carmona	Sevilla	Libro 1º, pág. 81
Club Recreativo de Sevilla		Sportiva	27-09-11	Sevilla	Sevilla	Disuelta el 4-12-1914. Libro 1º, pág. 107
España Sociedad Ciclista		Sport	08-11-11	Sevilla	Sevilla	Libro 1º, pág. 83
Automóvil Club de Andalucía			01-11-12	Sevilla	Sevilla	Libro 2º, pág. 191
Skating-Club		Sports	01-01-13	Sevilla	Sevilla	Libro 1º, pág. 112
Andalucía Foot-Ball-Club		Sportiva	01-02-13	Sevilla	Sevilla	Disuelta el 30-11-1914. Libro 1º, pág. 106
Club Español de Sevilla		Sportiva (foot-ball)	22-02-13	Sevilla	Sevilla	Libro 1º, pág. 107
Heispolis Foot-Ball Club		Juegos de sport	24-02-13	Sevilla	Sevilla	Libro 1º, pág. 98
Club Atthletic (Sociedad Foot-Ball)		Sportiva	15-04-13	Sevilla	Sevilla	Libro 1º, pág. 107
Torre del Oro Foot-Ball Club		Juegos de sport	22-04-13	Sevilla	Sevilla	Libro 1º, pág. 99

NOMBRE	PRESIDENTE/ DIRECTOR	ACTIVIDAD A LA QUE SE DEDICA	FECHA DE CONSTITUCIÓN DE LA SOCIEDAD	POBLACIÓN	PROVINCIA	OBSERVACIONES
Coto Sierra de Gilena		Sport de caza	03-10-13	Gilena	Sevilla	Libro 1º, pág. 104
Ibérica Foot-Ball Club		Sportiva	14-11-13	Sevilla	Sevilla	Libro 1º, pág. 106
Asociación Católica de Scouts		Sportiva	27-12-13		Sevilla	Libro 1º, pág. 107
Giralda Foot-Ball Club		Sportiva	10-01-14	Sevilla	Sevilla	Libro 1º, pág. 107
Sport Tearus Sevillano Infantil		Sportiva (foot-ball)	18-01-14	Sevilla	Sevilla	Libro 1º, pág. 107
Club Náutico Sevillano		Sport	26-01-14	Sevilla	Sevilla	Libro 1º, pág. 108
Centro General de Cazadores		Como indica el título	15-07-14	Sevilla	Sevilla	Libro 1º, pág. 114
Asociación Centro General de Cazadores de Constantina		Fomento de la caza	17-04-15	Constantina	Sevilla	Libro 1º, pág. 120
Federación de Clubs de Foot-Balls del Sur de España		Sports	31-05-15	Sevilla	Sevilla	Reforma reglamento 30-8-1922. Libro 1º, pág. 120

NOMBRE	PRESIDENTE/ DIRECTOR	ACTIVIDAD A LA QUE SE DEDICA	FECHA DE CONSTITUCIÓN DE LA SOCIEDAD	POBLACIÓN	PROVINCIA	OBSERVACIONES
Agrupación Cazadores de Osuna		Defensa de la caza	03-06-15	Osuna	Sevilla	Libro 1º, pág. 121
Estornino-Club		Deportiva	11-06-15	Sevilla	Sevilla	Libro 1º, pág. 121
Foot-Ball-Club Recreativo de Sevilla		Recreo	04-08-15	Sevilla	Sevilla	Libro 1º, pág. 123
Nacional Foot-Ball Club		Fomento del foot-ball	20-12-16	Sevilla	Sevilla	Libro 1º, pág. 135
Racing Club de Sevilla		Deporte (foot-ball)	20-05-17	Sevilla	Sevilla	Libro 1º, pág. 138
Triana Foot Ball Club		Cultivo del foot-ball	26-06-17	Sevilla	Sevilla	Libro 1º, pág. 139
Industria Foot-Ball Club		Deporte	29-09-17	Sevilla	Sevilla	Libro 1º, pág. 140
Club Gimnástica Triana Foot-Ball		Cultura a los sports y en especial al football	31-01-18	Sevilla	Sevilla	Libro 1º, pág. 144
Sport Cinegético de Morón		Fomento a la cacería	03-02-18	Morón	Sevilla	Libro 1º, pág. 143

NOMBRE	PRESIDENTE/ DIRECTOR	ACTIVIDAD A LA QUE SE DEDICA	FECHA DE CONSTITUCIÓN DE LA SOCIEDAD	POBLACIÓN	PROVINCIA	OBSERVACIONES
Sociedad de Tiro de Pichones de Morón		Como indica el título	16-06-18	Morón	Sevilla	Libro 1º, pág. 152
Sociedad Lebrera Sevillana		El fomento a la caza con galgos	01-07-18	Sevilla	Sevilla	Libro 1º, pág. 153
Club Victoria		Cultivar el foot-ball	07-12-18	Sevilla	Sevilla	Libro 1º, pág. 159
Triana-Industria Foot-ball Club		Recreo	01-10-19	Sevilla	Sevilla	Libro 1º, pág. 168
Club Hispano-Americano		Recreo e instrucción	21-12-19	Sevilla	Sevilla	Libro 1º, pág. 173
Cámara Sindical del Automóvil de Andalucía		Fomento del automovilismo	16-02-20	Sevilla	Sevilla	Libro 1º, pág. 187
Los Exploradores de España		Hacer patria	29-08-20	Sevilla	Sevilla	Libro 1º, pág. 181

NOMBRE	PRESIDENTE/ DIRECTOR	ACTIVIDAD A LA QUE SE DEDICA	FECHA DE CONSTITUCIÓN DE LA SOCIEDAD	POBLACIÓN	PROVINCIA	OBSERVACIONES
Príncipe de Asturias Sociedad de Foot-Ball-Club		Esport	11-09-20	Sevilla	Sevilla	Libro 1º, pág. 182
Mercantil Santa Ana Foot-Ball Club		Sports	16-10-20	Sevilla	Sevilla	Libro 1º, pág. 183

SORIA

El Archivo Histórico Provincial de Soria se encuentra en la Plaza San Clemente, nº 8, en Soria. Nos ponemos en contacto, con dicho archivo, vía email el dos de mayo de 2012, preguntando por los libros de asociaciones hasta 1920 y nos señala un archivero que tienen la información en un libro y en expedientes. Efectuamos la visita el seis de septiembre de 2012 por la mañana, la documentación se encuentra en la Sección Gobierno Civil; Serie nº 314 Registro de asociaciones. La inscripción más antigua corresponde con la Sociedad "La Unión", del 2 de junio de 1897, tenía por objeto el recreo y pertenecía al Ayuntamiento de Morón de Almazán. Tras acabar hallamos estas sociedades deportivas hasta 1920 extraídas de los expedientes.

Figura 43: Entrada del Archivo Histórico Provincial de Soria

NOMBRE	PRESIDENTE/ DIRECTOR	ACTIVIDAD A LA QUE SE DEDICA	FECHA DE CONSTITUCIÓN DE LA SOCIEDAD	POBLACIÓN	PROVINCIA	OBSERVACIONES
Sociedad de Cazadores de la Dehesa Mata	Mauricio Muñoz Benito	Aprovechamiento de la caza	28-01-1913	Almarza	Soria	Socios cuota de entrada 50 pesetas el primer año y 75 pesetas los restantes. Signatura 33474
Nueva Sociedad de Cazadores del Monte de Valonsadero	Sixto Morales García	Aprovechamiento de la caza	29-10-1914	Soria	Soria	Reglamento firmado por Florencio Latorre Ranz. Signatura 33472
Sociedad de Cazadores del Monte Vedado de Almazán	José Rodrigo Egido	Aprovechamiento de la caza	22-02-1915	Almazán	Soria	En su constitución tiene 18 socios fundadores. Signatura 33478

TARRAGONA

El Archivo Histórico Provincial de Tarragona está situado en la Rambla Vella, nº 30, en Tarragona. Nos ponemos en comunicación, con dicho repertorio, vía email el dos de mayo de 2012, preguntando por los libros de asociaciones hasta 1920 y nos anuncia un archivero que tienen la información en unos libros y en expedientes. Efectuamos la visita el veintiocho de agosto de 2012 por la mañana, la documentación se encuentra en el Fondo Gobierno Civil; Serie Asociaciones; Caja 84 Libros de Registro de asociaciones. La inscripción más antigua corresponde con el Colegio de Abogados, del 18 de enero de 1845, perteneciente al Ayuntamiento de Reus. Tras finalizar obtenemos estas sociedades deportivas hasta 1920 extraídas de los expedientes.

Figura 44: Entrada del Archivo Histórico Provincial de Tarragona

NOMBRE	PRESIDENTE/ DIRECTOR	ACTIVIDAD A LA QUE SE DEDICA	FECHA DE ALTA DE LA SOCIEDAD	POBLACIÓN	PROVINCIA	OBSERVACIONES
Centre Excursionista de Tarragona	Joan Puig Porta	Fomento excursiones	18-02-1883	Tarragona	Tarragona	Signatura 1016
Centro de Aficionados a la Caza		Proteger y fomentar la caza	27-06-1891	Reus	Tarragona	Signatura 372
Club Gimnástico		Centres esportius	30-12-1893	Tarragona	Tarragona	Signatura 1664
Sociedad Velocipédica de Tortosa	José Berris Murull	Fomentar y propagar el ciclismo	09-09-1897	Tortosa	Tarragona	Signatura 1500
Sociedad Velocipédica de Tortosa		Defensa intereses comunes	16-09-1897 (fecha del acta de constitución)	C/ Caballero de Gracia, nº 5. Tortosa	Tarragona	Signatura 1500
Junta Provincial de la Liga Marítima Española	José Prat Prats	Centres esportius	29-05-1901	Tarragona	Tarragona	Signatura 1593
Junta Local de "Liga Marítima Española"	Damián Llombart Vilás	Defensa intereses	14-04-1912	Tortosa	Tarragona	Signatura 1000

NOMBRE	PRESIDENTE/ DIRECTOR	ACTIVIDAD A LA QUE SE DEDICA	FECHA DE ALTA DE LA SOCIEDAD	POBLACIÓN	PROVINCIA	OBSERVACIONES
Club d´Esports	Francisco Badia	Recreo fomento de los sports	02-07-1913	Vendrell	Tarragona	Signatura 1010
Tiro Nacional de Tarragona		Someterse al objeto del tiro nacional	21-05-1915	Tarragona	Tarragona	Firman el reglamento A. Holguera/ Antonio Escoda y Benjamín Romero. Signatura 1613
Club Náutico Tarragona		Centres esportius	05-01-1916	Tarragona	Tarragona	Signatura 1034
Agrupación Ciclista Reus Deportivo		Centres esportius	11-05-1918	Reus	Tarragona	Signatura 764
Club Natació Reus Ploms		Centres esportius	00-00-1918	Reus	Tarragona	Signatura 941
Círculo de Cazadores de Alcanar	Idelfonso Sanz Bayarri	Societat de caçadors	16-03-1919	Alcanar	Tarragona	Signatura 754

TENERIFE

El Archivo Histórico Provincial de Santa Cruz de Tenerife se encuentra en el Camino de la Hornera, nº 78, en San Cristóbal de La Laguna. Nos ponemos en contacto, con dicho archivo, vía email el tres de julio de 2012, preguntando por los libros de asociaciones hasta 1920 y nos indica una funcionaria que tienen la información digitalizada y que para verla necesito desplazarme. Efectuamos la visita el veintiuno de agosto de 2012 por la mañana, la documentación se encuentra en el Fondo Gobierno Civil; Serie Libros de Registro de Asociaciones (1847-1950). La inscripción más antigua corresponde con el Casino, de 1847, sin datar día, ni mes, tenía por objeto el recreo de sus socios y pertenecía al Ayuntamiento de Santa Cruz de Tenerife. Tras terminar encontramos estas sociedades deportivas hasta 1920.

Figura 45: Entrada del Archivo Histórico Provincial de Santa Cruz de Tenerife

NOMBRE	PRESIDENTE/ DIRECTOR	ACTIVIDAD A LA QUE SE DEDICA	FECHA DE CREACIÓN	POBLACIÓN	PROVINCIA	OBSERVACIONES
Club Inglés		Recreativa	febrero 1899	Santa Cruz de Tenerife	Santa Cruz de Tenerife	Disuelta 28-2-1935. Libros registro de asociaciones (1847-1950), pág. 1
Colombófila de Tenerife	Juan Villavicencio	Palomas mensajeras	06-11-03	Santa Cruz de Tenerife	Santa Cruz de Tenerife	Reformado 10-10-1910. Libros registro de asociaciones (1847-1950), pág. 2
Sport Club Internacional	Alejandro Chodsko	Recreo	08-05-06	Puerto de la Cruz	Santa Cruz de Tenerife	15 pesetas a su ingreso como socio y 60 pesetas anuales. Libros registros de asociaciones (1847-1950), pág. 3
Sociedad Venatoria la Costa	Juan Díaz y Rodríguez	Toda clase de sport	05-09-07	Santa Cruz de Tenerife	Santa Cruz de Tenerife	La componen en su creación 30 socios. 5 pesetas a su ingreso como socio y 5 pesetas mensuales. Libros registro de asociaciones (1847-1950), sin número

NOMBRE	PRESIDENTE/ DIRECTOR	ACTIVIDAD A LA QUE SE DEDICA	FECHA DE CREACIÓN	POBLACIÓN	PROVINCIA	OBSERVACIONES
Club Tinerfeño		Toda clase de sport	26-10-07	Santa Cruz de Tenerife	Santa Cruz de Tenerife	Según su expediente se llamaba Club Tinerfeño, luego Real Club Tinerfeño, posteriormente se llamó Club Náutico y por último Real Club Náutico. Reformado 5-3-1904//29-12-1918//25-1-1925//26-1-1928. Libros registro de asociaciones (1847-1950), pág. 3
Asociación de Cazadores de Tenerife		Fomento de la caza	06-04-09	La Laguna	Santa Cruz de Tenerife	Libros registro de asociaciones (1847-1950), pág. 3
Automóvil Club de Tenerife	Nicolás Martí Dehesa	Sports	12-01-10	Santa Cruz de Tenerife	Santa Cruz de Tenerife	50 pesetas a su ingreso como socio y 5 pesetas mensuales. Libros registro de asociaciones (1847-1950), pág. 4

NOMBRE	PRESIDENTE/ DIRECTOR	ACTIVIDAD A LA QUE SE DEDICA	FECHA DE CREACIÓN	POBLACIÓN	PROVINCIA	OBSERVACIONES
Juventud Excursionista	Arturo Roca Mandillo	Fomento del turismo	01-04-10	Santa Cruz de Tenerife	Santa Cruz de Tenerife	No existe, disuelta. Libros registro de asociaciones (1847-1950), pág. 4
Asociación Náutica de Canarias	Aurelio Tuells y Abril	Defensa de la clase	25-11-12	Santa Cruz de Tenerife	Santa Cruz de Tenerife	5 pesetas a su ingreso como socio y 24 pesetas anuales. Libros registro de asociaciones (1847-1950), pág. 4
Los Exploradores de España		Fomento y creación de agrupaciones de boyscouts españoles	28-01-14	Santa Cruz de Tenerife	Santa Cruz de Tenerife	Libros registro de asociaciones (1847-1950), pág. 5
Tiro Nacional		Fomento del tiro	27-02-14	La Laguna	Santa Cruz de Tenerife	Libros registro de asociaciones (1847-1950), pág. 6
Teide Sporting Club		Ejercicios físicos	08-05-14	Santa Cruz de Tenerife	Santa Cruz de Tenerife	Libros registro de asociaciones (1847-1950), pág. 6

NOMBRE	PRESIDENTE/ DIRECTOR	ACTIVIDAD A LA QUE SE DEDICA	FECHA DE CREACIÓN	POBLACIÓN	PROVINCIA	OBSERVACIONES
Gimnástica Sportig Club	Abraham Pérez Vera	Fot-ball	29-06-15	Santa Cruz de Tenerife	Santa Cruz de Tenerife	1 peseta a su ingreso como socio y 0,25 pesetas semanales. Libros registro de asociaciones (1847-1950), pág. 6
Consejo Provincial de Exploradores de España		Agrupaciones de boy scouts	09-12-15	Santa Cruz de Tenerife	Santa Cruz de Tenerife	Libros registro de asociaciones (1847-1950), pág. 6
Real Nuevo Club		Sportivos	20-04-16	Santa Cruz de la Palma	Santa Cruz de Tenerife	Libros registro de asociaciones (1847-1950), pág. 6
Fomento de Luchas Canarias		Deportivo	10-08-16	Santa Cruz de Tenerife	Santa Cruz de Tenerife	Libros registro de asociaciones (1847-1950), pág. 6
Cinegética del Barranco Hondo		Venatoria	29-07-17	Santa Cruz de Tenerife	Santa Cruz de Tenerife	Libros registro de asociaciones (1847-1950), pág. 6
Unión del Valle		Venatoria	16-07-17	Orotava	Santa Cruz de Tenerife	Libros registro de asociaciones (1847-1950), pág. 6

NOMBRE	PRESIDENTE/ DIRECTOR	ACTIVIDAD A LA QUE SE DEDICA	FECHA DE CREACIÓN	POBLACIÓN	PROVINCIA	OBSERVACIONES
Coto de los Cinco		Venatoria	20-07-17	Puerto de la Cruz	Santa Cruz de Tenerife	Libros registro de asociaciones (1847-1950), pág. 7
Defensa de los Valles		Venatoria	06-08-17	Santa Cruz de Tenerife	Santa Cruz de Tenerife	Libros registro de asociaciones (1847-1950), pág. 7
Sociedad de Luchas de Izaña	Luis Benítez de Lugo y Velarde	Deportes	19-08-17	Orotava	Santa Cruz de Tenerife	Cuenta en su creación con 91 socios. 0,50 pesetas a su ingreso y 6 pesetas anuales. Libros registro de asociaciones (1847-1950), pág. 7
Sociedad Deportiva	Gregorio Carmona y Mayato	Deportes	01-09-17	Puerto de la Cruz	Santa Cruz de Tenerife	Libros registro de asociaciones (1847-1950), pág. 7
Tinguaro	Alfredo Perera y Felipe	Sportiva	03-05-18	Santa Cruz de Tenerife	Santa Cruz de Tenerife	No existe. Libros registro de asociaciones (1847-1950), pág. 7
Rival		Deportes	20-10-18	Santa Cruz de Tenerife	Santa Cruz de Tenerife	Libros registro de asociaciones (1847-1950), pág. 7

NOMBRE	PRESIDENTE/ DIRECTOR	ACTIVIDAD A LA QUE SE DEDICA	FECHA DE CREACIÓN	POBLACIÓN	PROVINCIA	OBSERVACIONES
Fomento de Caza del Rosario		Cinegético	25-02-19	Santa Cruz de Tenerife	Santa Cruz de Tenerife	Libros registro de asociaciones (1847-1950), pág. 7
Sociedad 28 de julio		Venatoria	15-10-19	Sauzal	Santa Cruz de Tenerife	Libros registro de asociaciones (1847-1950), pág. 7
Sociedad de Tiro de Pichón	Melchor Ordóñez	Cinegético	20-12-20	Santa Cruz de Tenerife	Santa Cruz de Tenerife	Libros registro de asociaciones (1847-1950), pág. 8

TERUEL

El Archivo Histórico Provincial de Teruel está ubicado en la Ronda de Dámaso Torán, nº 54, en Teruel. Nos ponemos en comunicación, con dicho repertorio, vía telefónica el dos de mayo de 2012, preguntando por los libros de asociaciones hasta 1920 y nos señala una funcionaria que no tiene ninguna documentación sobre asociaciones anterior a 1939, porque ha desaparecido a consecuencia de la Guerra Civil. La consecuencia es que no tenemos información sobre las sociedades deportivas anteriores a 1920.

Figura 46: Entrada del Archivo Histórico Provincial de Teruel

TOLEDO

El Archivo Histórico Provincial de Toledo se encuentra en la C/ Trinidad, nº 10, en Toledo. Nos ponemos en contacto, con dicho archivo, vía telefónica el dos de mayo de 2012, preguntando por los libros de asociaciones hasta 1920 y nos anuncia una archivera que no tiene ninguna documentación de dichas fechas. También señala que tiene la sospecha, aunque no la certeza, de que muy posiblemente los registros de asociaciones solicitados se quemasen en el incendio que destruyó los edificios y gran parte de los fondos documentales del Gobierno Civil de Toledo en 1921. La conclusión es que no poseemos referencias sobre las sociedades deportivas anteriores a 1920.

Figura 47: Entrada del Archivo Histórico Provincial de Toledo

VALENCIA

El Archivo del Reino de Valencia está situado en el Paseo de la Alameda, nº 22, en Valencia. Nos ponemos en comunicación, con dicho repertorio, vía email el dieciocho de julio de 2012, preguntando por los libros de asociaciones hasta 1920 y nos indica una archivera que tienen la información. Efectuamos la visita el dieciséis de agosto de 2012 por la mañana, la documentación se encuentra en el Fondo Delegación del Gobierno; Sección Libro de Asociaciones. La inscripción más antigua corresponde con la Sociedad de Socorros Mutuos, del 12 de febrero de 1887, tenía por objeto los socorros mutuos, presidido por Ramón Carreres Nadal y pertenecía al Ayuntamiento de Alfara de Algimia. Tras acabar hallamos estas sociedades deportivas hasta 1920.

Figura 48: Entrada del Archivo del Reino de Valencia

NOMBRE	PRESIDENTE/ DIRECTOR	ACTIVIDAD A LA QUE SE DEDICA	FECHA DE CONSTITUCIÓN DE LA SOCIEDAD	POBLACIÓN	PROVINCIA	OBSERVACIONES
Casino de Cazadores		Recreo	28-6-1888 (fecha presentación estatutos)	Alcira	Valencia	Disuelta 28-7-1898. libro 1, pág. 9
Sociedad de Cazadores	José Rico	Recreo y distracción	10-7-1889 (fecha presentación estatutos)	Cullera	Valencia	Libro 1, pág. 18
Casino de Cazadores		Recreativa	18-2-1892 (fecha presentación estatutos)	Liria	Valencia	Disuelta el 31-7-1898. libro 1, pág. 37
Club Ciclista	Emilio Massó	Fomento velocípedo	21-2-1892	Valencia	Valencia	Otro presidente Manuel Vidal (1902). Reforma reglamento 25-10-1894. libro 1, pág. 36
Sociedad Colombófila "la Paloma Mensagera"	Manuel Arenas	Proporcionar palomas al estado	25-2-1892	Valencia	Valencia	Cambió su título por el de Sociedad Colombófila y reformó reglamento el 31-1-1899. Libro 1, pág. 37

NOMBRE	PRESIDENTE/ DIRECTOR	ACTIVIDAD A LA QUE SE DEDICA	FECHA DE CONSTITUCIÓN DE LA SOCIEDAD	POBLACIÓN	PROVINCIA	OBSERVACIONES
Asociación de Cazadores		La afición a la caza	4-7-1892 (fecha presentación estatutos)	Sagunto	Valencia	Disuelta 15-7-1898. Libro 1, pág. 42
Casino de Cazadores		Recreo	26-8-1892 (fecha presentación estatutos)	Silla	Valencia	Disuelta. Libro 1, pág. 43
Casino de Cazadores		Regularizar la caza	4-5-1893 (fecha presentación estatutos)	Gandía	Valencia	Disuelta el 21-7-1898. Libro 1, pág. 48
El Fomento de la Caza		Como indica el título	29-5-1893 (fecha presentación estatutos)	Játiva	Valencia	Disuelta el 12-7-1898. Libro 1, pág. 49
Sociedad de Colombaires		Como indica el título	16-12-1893 (fecha presentación estatutos)	Ayelo de Malferit	Valencia	Disuelta 23-7-1898. Libro 1, pág. 53
Sociedad de Colombaires		Como indica el título	5-1-1894 (fecha presentación estatutos)	Onteniente	Valencia	Disuelta 11-7-1898. Libro 1, pág. 54
Casino de Cazadores		Protección de la caza	19-12-1894 (fecha presentación estatutos)	Sueca	Valencia	Libro 1, pág. 60

NOMBRE	PRESIDENTE/ DIRECTOR	ACTIVIDAD A LA QUE SE DEDICA	FECHA DE CONSTITUCIÓN DE LA SOCIEDAD	POBLACIÓN	PROVINCIA	OBSERVACIONES
Sociedad Valenciana de Caza y Pesca		Protección a las leyes de caza y pesca	30-1-1895 (fecha presentación estatutos)	Valencia	Valencia	Disuelta. Libro 1, pág. 61
El Júcar		Desarrollo de la pesca	29-5-1895 (fecha presentación estatutos)	Alcira	Valencia	Disuelta 28-7-1898. Libro 1, pág. 63
Sociedad de Caza y Pesca		Protección a las leyes de caza y pesca	29-5-1895 (fecha presentación estatutos)	Algemesí	Valencia	Disuelta 9-7-1898. Libro 1, pág. 63
Sociedad de Pescadores de Caña		Dedicarse a la pesca	16-8-1895 (fecha presentación estatutos)	Sueca	Valencia	Disuelta 23-7-1898. Libro 1, pág. 64
El Júcar		Fomentar la pesca	23-8-1895 (fecha presentación estatutos)	Alberique	Valencia	Disuelta 8-7-1898. Libro 1, pág. 64
Sociedad Colombófila		Protección a las palomas	30-8-1895 (fecha presentación estatutos)	Gandía	Valencia	Disuelta 21-7-1898. Libro 1, pág. 64
Sociedad Colombófila		Como indica el título	9-6-1896 (fecha presentación estatutos)	Carcagente	Valencia	Disuelta 7-7-1898. Libro 1, pág. 70

NOMBRE	PRESIDENTE/ DIRECTOR	ACTIVIDAD A LA QUE SE DEDICA	FECHA DE CONSTITUCIÓN DE LA SOCIEDAD	POBLACIÓN	PROVINCIA	OBSERVACIONES
Veloz Excursionista		Recreativa	16-11-1896 (fecha presentación estatutos)	Valencia	Valencia	Disuelta. Libro 1, pág. 72
Polo Club		Recreativa	23-3-1897 (fecha presentación estatutos)	Valencia	Valencia	Disuelta. Libro 1, pág. 73
Sociedad Colombófila		Como indica el título	13-4-1897 (fecha presentación estatutos)	Beniganim	Valencia	Disuelta 9-7-1898. Libro 1, pág. 73
Unión Ciclista		Ciclista	14-9-1897 (fecha presentación estatutos)	Alcira	Valencia	Disuelta 28-7-1898. Libro 1, pág. 75
Pescadores de Caña		Como indica el título	11-1-1898 (fecha presentación estatutos)	Cullera	Valencia	Disuelta 12-10-1900. Libro 1, pág. 76
Círculo de Cazadores	Franco Guallado	Instructivo y recreativo	25-2-1899	Masanasa	Valencia	Libro 1, pág. 80
Casino de Cazadores de Siete Aguas	José Zasnero Muñoz	Coadyuvar el cumplimiento de la ley de caza	29-12-1899	Siete Aguas	Valencia	Disuelta. Libro 1, pág. 84
Centro de Cazadores	José Gómez	Distracción y recreo	01-01-00	Tabernes de Valdigua	Valencia	Disuelta. Libro 1, pág. 81

NOMBRE	PRESIDENTE/ DIRECTOR	ACTIVIDAD A LA QUE SE DEDICA	FECHA DE CONSTITUCIÓN DE LA SOCIEDAD	POBLACIÓN	PROVINCIA	OBSERVACIONES
Sociedad de Pescadores de Játiva y su Partido	Ramón Sauquillo	Recreativa y que se respete la legislación de caza	24-05-00	Játiva	Valencia	No existe el 16-4-1912. Libro 1, pág. 87
Palomas Correos	Francisco Rodríguez Trelles	Mejora y procreación de la paloma	16-09-00	Valencia	Valencia	Libro 1, pág. 91
Tiro Nacional	Juan Busutil	Instrucción de tiro	30-06-01	Valencia	Valencia	Libro 1, pág. 105
El Fomento de la Pesca	Eduardo Codoñer	Fomento de la pesca	31-01-02	Valencia	Valencia	Disuelta 31-7-1907. Libro 1, pág. 108
Sociedad de Columbaires "la Protectora de las Palomas"		Como indica el título	18-04-02 (fecha presentación estatutos)	Villanueva de Castellón	Valencia	No existe el 8-11-1912. Libro 1, pág. 114
Sociedad de Cazadores "la Perdiz"	Antonio López	Regularizar el ejercicio de la caza y pesca	26-07-02 (fecha presentación estatutos)	Gandía	Valencia	Disuelta. Libro 1, pág. 118
Casino de Cazadores "La Codorniz"	Enrique Martínez Rojas	Distracción y recreo y hacer cumplir las leyes de caza y pesca	25-08-02	Alberique	Valencia	Libro 1, pág. 118

NOMBRE	PRESIDENTE/ DIRECTOR	ACTIVIDAD A LA QUE SE DEDICA	FECHA DE CONSTITUCIÓN DE LA SOCIEDAD	POBLACIÓN	PROVINCIA	OBSERVACIONES
El Cisne		Congregarse para organizar tiros y excursiones de caza	28-02-03 (fecha presentación estatutos)	Gandía	Valencia	Disuelta. Libro 1, pág. 128
Sociedad Colombófila de Obreros		Protección a sus individuos	25-04-03 (fecha presentación estatutos)	Carcagente	Valencia	Disuelta. Libro 1, pág. 132
Círculo de Cazadores		Fomento de la caza	01-08-03 (fecha presentación estatutos)	Bocairente	Valencia	Disuelta 11-7-1911. Libro 1, pág. 140
Casino de Cazadores del Distrito de Ruzafa		Fomentar la caza	04-09-03 (fecha presentación estatutos)	Valencia	Valencia	Libro 1, pág. 149
Colombófila		Protección a las palomas	01-10-03 (fecha presentación estatutos)	Alcira	Valencia	Disuelta. Libro 1, pág. 144

NOMBRE	PRESIDENTE/ DIRECTOR	ACTIVIDAD A LA QUE SE DEDICA	FECHA DE CONSTITUCIÓN DE LA SOCIEDAD	POBLACIÓN	PROVINCIA	OBSERVACIONES
Club de Regatas	Vicente Puchol	Desarrollar la afición a los deportes náuticos	03-12-03 (fecha presentación estatutos)	Valencia	Valencia	Cambió de denominación el 26-7-1906 por Club Náutico, modifica reglamento 5-7-1935//3-12-1935//5-11-1960. Libro 1, pág. 147
Casino de Cazadores		Fomentar la caza	04-12-03 (fecha presentación estatutos)	Gandía	Valencia	Modifica título y reglamento 13-9-1940//21-12-1943. Libro 1, pág. 148
Cazadores y Pescadores		Protección	20-01-04 (fecha presentación estatutos)	Jeresa		Disuelta 2-12-1906. Libro 1, pág. 151
Sociedad Ciclista "Pedal Valenciano"		Recreativo	28-04-04 (fecha presentación estatutos)	Valencia	Valencia	Disuelta 1-2-1905. Libro 1, pág. 160
Sociedad Ciclista "La Veloz"		Recreativo	09-08-04 (fecha presentación estatutos)	Valencia	Valencia	Libro 1, pág. 168

NOMBRE	PRESIDENTE/ DIRECTOR	ACTIVIDAD A LA QUE SE DEDICA	FECHA DE CONSTITUCIÓN DE LA SOCIEDAD	POBLACIÓN	PROVINCIA	OBSERVACIONES
Sociedad Colombófila		Volar palomas	17-08-04 (fecha presentación estatutos)	Tabernes de Valdigua	Valencia	Disuelta 23-10-1906. Libro 1, pág. 169
Sociedad de Cazadores de Olocau "La Perdiz"	José V. Ortiz	Recreo y distracción	06-02-05 (fecha presentación estatutos)	Olocau	Valencia	Libro 1, pág. 176
Sporting Club	Luis de Jaudenes	Recreativo	08-03-05	Valencia	Valencia	Libro 1, pág. 177
Unión Ciclista Valenciana	Antonio Roig	Recreativo	07-05-05	Valencia	Valencia	Libro 1, pág. 179
Martingala-Club	Isidro Casans	Recreativo	18-02-06	Valencia	Valencia	Libro 1, pág. 182
Sociedad Colombófila la Moderna	Fernando Judici	Colombófila	01-02-06	Alcira	Valencia	Libro 1, pág. 185
Sociedad Colombófila		Colombófila	01-03-06 (fecha presentación estatutos)	Llosa de Ranes	Valencia	Disuelta. Libro 1, pág. 185
Palomos Bufilos		Colombófila	16-03-06 (fecha presentación estatutos)	Algemesí	Valencia	Disuelta. Libro 1, pág. 186

NOMBRE	PRESIDENTE/ DIRECTOR	ACTIVIDAD A LA QUE SE DEDICA	FECHA DE CONSTITUCIÓN DE LA SOCIEDAD	POBLACIÓN	PROVINCIA	OBSERVACIONES
Sociedad Colombófila Suecana	Abelarvo Ruiz	Colombófila	12-04-06	Sueca	Valencia	Disuelta. Libro 1, pág. 188
Sociedad de Cazadores	Rafael Vives Gargallo	Recreativo	22-04-06	Oliva	Valencia	Disuelta. Libro 1, pág. 188
Sociedad Colombófila	Rosendo Bosque	Recreativo	16-05-06	Carcagente	Valencia	Disuelta. Libro 1, pág. 189
Casino de Cazadores de Carlet "La Verdad"		Recreativo	12-10-06 (fecha presentación estatutos)	Carlet	Valencia	Modifica título y reglamento 25-6-1943 y 10-6-1951. Libro 1, pág. 195
Foot ball Club Valencia		Sport	03-01-07 (fecha presentación estatutos)	Valencia	Valencia	Reforma reglamento 6-4-1910. Libro 1, pág. 198
Tiro de Palomo	José Soriano	Recreo	05-03-07 (fecha presentación estatutos)	Benaguacil	Valencia	Libro 1, pág. 202
Automóvil Club Valenciano		Automovilista	08-03-07 (fecha presentación estatutos)	Valencia	Valencia	Disuelta 22-3-1908. Libro 1, pág. 202
Sociedad Venatoria	J. Vidal Andreu	Cazadores	31-03-07 (fecha presentación estatutos)	Torrente	Valencia	Libro 1, pág. 202

NOMBRE	PRESIDENTE/ DIRECTOR	ACTIVIDAD A LA QUE SE DEDICA	FECHA DE CONSTITUCIÓN DE LA SOCIEDAD	POBLACIÓN	PROVINCIA	OBSERVACIONES
Sociedad de Cazadores		Cinegética	09-04-07 (fecha presentación estatutos)	Liria	Valencia	Libro 1, pág. 204
Aero Club	J. Milian	Instructiva	17-04-07 (fecha presentación estatutos)	Valencia	Valencia	Libro 1, pág. 204
"La Peña Roja"		Colombófila	17-04-07 (fecha presentación estatutos)	Játiva	Valencia	Libro 1, pág. 204
Foot-Ball-Club		Recreativa sport	13-05-07 (fecha presentación estatutos)	Cabañal	Valencia	Libro 1, pág. 205
Sociedad Colombófila		Fomento cría palomas	07-11-07 (fecha presentación estatutos)	Cullera	Valencia	Libro 1, pág. 212
Sociedad de Caza del Coto Ganacicudos	Fernando Vidal Pozuelo	Recreativa	30-12-07	Valencia	Valencia	Libro 1, pág. 216
El Tiro de Pichón		Recreo	04-03-08 (fecha presentación estatutos)	Algemesí	Valencia	Libro 1, pág. 220
El Pescador de Caña	Quintín Sanz	Protección pesca fluvial	10-04-08	Cullera	Valencia	Libro 1, pág. 221

NOMBRE	PRESIDENTE/ DIRECTOR	ACTIVIDAD A LA QUE SE DEDICA	FECHA DE CONSTITUCIÓN DE LA SOCIEDAD	POBLACIÓN	PROVINCIA	OBSERVACIONES
Tiro de Pichón	J Dugny de ¿?	Recreativo	16-04-08	Valencia	Valencia	Reforma reglamento 19-1-1925. Libro 1, pág. 223
Sociedad de Pesca	Ricardo Sbaers	Recreativo	11-05-08	Silla	Valencia	Libro 1, pág. 223
Pescadores de Caña		Como indica el título	03-07-08 (fecha presentación estatutos)	Algemesí	Valencia	Libro 1, pág. 226
Sociedad Pedestrista y Atleta	Carlos Genis Prades	Esport	21-07-08	Valencia	Valencia	Libro 1, pág. 227
El Fomento de la Pesca		Vigilar pesca de ríos	26-09-08 (fecha presentación estatutos)	Játiva	Valencia	Libro 1, pág. 229
Club Deportivo		Recreo	12-10-08 (fecha presentación estatutos)	Liria	Valencia	Libro 1, pág. 229
Sociedad de Cazadores de Buñol			30-11-08 (fecha presentación estatutos)	Buñol	Valencia	Libro 1, pág. 232
Colombófila la Moderna			21-12-08 (fecha presentación estatutos)	Guardamar	Valencia	Libro 1, pág. 233

NOMBRE	PRESIDENTE/ DIRECTOR	ACTIVIDAD A LA QUE SE DEDICA	FECHA DE CONSTITUCIÓN DE LA SOCIEDAD	POBLACIÓN	PROVINCIA	OBSERVACIONES
Sección Gimnástica del Patronato Juventud Obrera	Miguel Ripoll	Sport	24-01-09	Valencia	Valencia	El 22-6-1923 cambia nombre por el de Equipo Gimnástico P.J.O.//presenta acta de constitución 29-6-1928. Libro 1, pág. 234
Sociedad Deportiva Gimnástica		Recreativa	20-12-09 (fecha presentación estatutos)	Valencia	Valencia	Libro 1, pág. 235
Deportiva Valenciana		Recreativa	12-02-10 (fecha presentación estatutos)	Valencia	Valencia	Libro 1, pág. 235
La Gimnástica Valenciana	Amadio Lloris	Instructiva y recreativa	23-04-10	Valencia	Valencia	Libro 1, pág. 236
Automóvil Club Valenciano	marqués de Benicarlo	Recreativa	10-05-10 (fecha presentación estatutos)	Valencia	Valencia	Se inscribe (libro 2, pág. 67) como Real Automóvil Club Valenciana el 11-01-11. Libro 1, pág. 236

NOMBRE	PRESIDENTE/ DIRECTOR	ACTIVIDAD A LA QUE SE DEDICA	FECHA DE CONSTITUCIÓN DE LA SOCIEDAD	POBLACIÓN	PROVINCIA	OBSERVACIONES
La Cinegética	Tomás Casado	Recreo	07-12-10	Valencia	Valencia	Reforma reglamento 16-3-1915//22-3-1926 se fusiona con "Nueva Diana" en la Asociación de Caza y Pesca 25-6-1940. Libro 1, pág. 237
Sociedad Colombófila	Jaime Simón	Recreo y procurar rescate de palomas pérdidas	28-04-11	Canals	Valencia	Presenta acta 10-1-1917. Libro 1, pág. 56
Regional Foot-Ball-Club	Tomás Márquez	Esport	30-12-11	Valencia	Valencia	Libro 1, pág. 245
Club Deportivo Español	Alfredo Milego	Esport	02-01-12	Valencia	Valencia	Libro 1, pág. 245
Hispania Club Foot-Ball	Tomás García	Esport	19-01-12	Valencia	Valencia	Libro 2, pág. 1
Sociedad de Cazadores	Joaquín Soler	Recreo	06-04-12	Genovés	Valencia	Libro 2, pág. 3
Sociedad Cazadores	José Ferrer	Esport	26-09-12	Aldaya	Valencia	Libro 2, pág. 6

NOMBRE	PRESIDENTE/ DIRECTOR	ACTIVIDAD A LA QUE SE DEDICA	FECHA DE CONSTITUCIÓN DE LA SOCIEDAD	POBLACIÓN	PROVINCIA	OBSERVACIONES
Valencia Sporting Club	Ernesto Pérez	Sport	17-11-12	Valencia	Valencia	Libro 2, pág. 7
"El Sport" Club Ciclista	Joaquín Valiente	Sport	31-01-13	Burjassot	Valencia	Presentada acta marzo 1913. Libro 2, pág. 9
Sociedad de Cazadores del Lago de la Albufera	Enrique López	Recreo	22-02-13	Valencia	Valencia	Libro 2, pág. 9
Sociedad de Cazadores	Manuel Bonnell	Su título	25-03-13	Paterna	Valencia	Presentada acta 18-4-1913. Libro 2, pág. 9
Sport-Pescador	Jaime Martínez	Sport	05-04-13	Valencia	Valencia	Libro 2, pág. 10
Boy-Scouts Españoles Comité Provincial	Fernando Ibáñez Payes	Sport	28-04-13	Valencia	Valencia	Libro 2, pág. 10
Sociedad de Cazadores	José Genis	Su título	23-08-13	Játiva	Valencia	Libro 2, pág. 13
Círculo de Cazadores	Benito Zafrilla	Recreo	03-10-13	Utiel	Valencia	Libro 2, pág. 14

NOMBRE	PRESIDENTE/ DIRECTOR	ACTIVIDAD A LA QUE SE DEDICA	FECHA DE CONSTITUCIÓN DE LA SOCIEDAD	POBLACIÓN	PROVINCIA	OBSERVACIONES
Sociedad Colombófila "El Panerot"	Marcos Peris	Proporcionar recreo y facilitar rescate de las palomas pérdidas	17-05-14	Gandía	Valencia	Libro 2, pág. 23
Sociedad Colombófila de Carcagente	Rosendo Bosel Soriano	Vuelo y auxilio en el rescate de palomas pérdidas	24-01-15	Carcagente	Valencia	Libro 2, pág. 25
Asociación Recreativa "La Olimpia"	Joaquín Aleixandre	Recreo	22-03-15	Valencia	Valencia	Libro 2, pág. 31
Sociedad de Caza y Pesca	Carlos Estruch Martínez	Recreativo	28-09-15	Manuel	Valencia	Libro 2, pág. 40
Gran Peña Sportiva	José María Garrido	Recreativo e instructivo	25-02-16	Valencia	Valencia	Libro 2, pág. 46
Centro Artístico Sportivo	Jacinto Morell Birba	Recreativo e instructivo	21-05-16	Valencia	Valencia	Libro 2, pág. 50
Club Pedestre Valenciano	Felipe Soto	Recreativo	30-11-16	Valencia	Valencia	Libro 2, pág. 57
Círculo Deportivo	Ramón Estrela Arrojo	Instrucción y recreo	01-03-17	Valencia	Valencia	Libro 2, pág. 60

NOMBRE	PRESIDENTE/ DIRECTOR	ACTIVIDAD A LA QUE SE DEDICA	FECHA DE CONSTITUCIÓN DE LA SOCIEDAD	POBLACIÓN	PROVINCIA	OBSERVACIONES
Colombófila Valenciana	José Alba Benán	Recreativo	27-05-17	Valencia	Valencia	Libro 2, pág. 64
Peña Tennis	Pedro Molina Olivares	Recreativo	07-06-17	Valencia	Valencia	Libro 2, pág. 64
Colombófila "La Protectora de Burjassot"	Joaquín Burguete Rosales	Recreativo	10-06-17	Burjassot	Valencia	Libro 2, pág. 69
Colombófila "El Ideal"	Vicente Lluesma ¿?	Recreativo	20-07-17	Moncada	Valencia	Libro 2, pág. 67
Colombófila Marítima	Julio Barbena Albiñana	Recreativo	13-08-17	Valencia	Valencia	Libro 2, pág. 66
Colombófila "El Pensamiento"	Vicente Domènech	Recreativo	11-10-17	Valencia	Valencia	Libro 2, pág. 69
Sociedad Colombófila "La Mensajera"	Antonio Sorli	Recreo	10-03-18	Valencia	Valencia	Libro 2, pág. 77
Sociedad Colombófila "La Justiciera"	Vicente Aranda	Recreativo	28-03-18	Rafelguara	Valencia	Libro 2, pág. 77
Colombófila "La Justicia"	Julio Lloria	Recreativa	22-05-18	Puebla Larga	Valencia	Libro 2, pág. 81

NOMBRE	PRESIDENTE/ DIRECTOR	ACTIVIDAD A LA QUE SE DEDICA	FECHA DE CONSTITUCIÓN DE LA SOCIEDAD	POBLACIÓN	PROVINCIA	OBSERVACIONES
Sociedad Protectora de las Palomas "La Colombófila"	Justo Ferrer	Protección palomas	16-07-18	Puebla de Rugat	Valencia	Libro 2, pág. 75
Cámara Sindical del Automóvil de Valencia	Vicente Ballester Izquierdo	Fomento del automovilismo	18-07-18	Valencia	Valencia	Libro 2, pág. 85
Diana Cazadora	José Clenigmas	Fomento de la caza	31-07-18	Benifayo	Valencia	Disuelta. Libro 2, pág. 235
Colombófila Mensajera de Catarroja	Vicente Luna Ballester	Recreo mensagero	20-11-18	Catarroja	Valencia	Libro 2, pág. 93
Sociedad de Cazadores de Torrente	Salvador Velert Sanz	Recreativo	12-01-19	Torrente	Valencia	Libro 2, pág. 239
Colombófila Setabense	Doro Pasenal Ilueca	Recreo	15-01-19	Játiva	Valencia	Libro 2, pág. 94
Sociedad de Cazadores la Concordia	Manuel ¿? Collado	Recreativo	23-02-19	Liria	Valencia	Libro 2, pág. 171
Sociedad Valenciana "La Pesca"	Vicente Martín	El fomento de la pesca	12-08-19	Valencia	Valencia	Libro 2, pág. 120

NOMBRE	PRESIDENTE/ DIRECTOR	ACTIVIDAD A LA QUE SE DEDICA	FECHA DE CONSTITUCIÓN DE LA SOCIEDAD	POBLACIÓN	PROVINCIA	OBSERVACIONES
La Pelota	Francisco Hurtado	Fomento del sport del juego de la pelota	26-09-19	Valencia	Valencia	Libro 2, pág. 125
Gimnástico "Foot-Ball Club"	Amador Sanchís Mora	Fomentar la afición al sport	22-11-19	Valencia	Valencia	Reforma reglamento 21-4-1923. Libro 2, pág. 132
España Foot-Ball Club	Rafael Navarrete Gil	El fomento del sport del foot-ball	25-11-19	Valencia	Valencia	Libro 2, pág. 145
Levante Foot-Ball-Club	Alfaro Pallas Duera	Fomentar la afición deportiva	28-11-19	Valencia	Valencia	Reforma reglamento 5-12-1922. Libro 2, pág. 135
Club Stadium	Francisco Correche García	El sport al foot-ball	21-01-20	Valencia	Valencia	Libro 2, pág. 146
El Estadium Club de Deportes Foot-Ball	Francisco Correche	Recreativo	22-01-20	Valencia	Valencia	Libro 2, pág. 175
Benlliure F. C.	Arturo Alzamora	Recreativa	09-02-20	Valencia	Valencia	Libro 2, pág. 149

NOMBRE	PRESIDENTE/ DIRECTOR	ACTIVIDAD A LA QUE SE DEDICA	FECHA DE CONSTITUCIÓN DE LA SOCIEDAD	POBLACIÓN	PROVINCIA	OBSERVACIONES
La Deportiva Sociedad de Cazadores	Joaquín Roger	Fomento de la caza	20-02-20	Chelva	Valencia	Libro 2, pág. 152
Sporting Club	Jesús de Urresti	Deportiva	22-02-20	Sagunto	Valencia	Libro 2, pág. 230
Colombófila de Torrente	Vicente Ibáñez	Recreativa	01-09-20	Torrente	Valencia	Libro 2, pág. 166
Colombófila La Unión	Vicente Checa Martínez		19-10-20	Manises	Valencia	Libro 2, pág. 185
Valencia Foot Ball Club	Augusto Mulego Díaz	Recreativa	22-10-20	Valencia	Valencia	Reforma reglamento 26-11-1921//30-12-1924 y varias veces hasta 2-2-1958. Libro 2, pág. 185
Sociedad de Cazadores	José Libertad Badia	Recreativa	27-10-20	Foyos	Valencia	Libro 2, pág. 185
Sociedad de Cazadores la Alianza	Francisco Rodríguez Jordón	Recreativa	09-11-20	Cheste	Valencia	Libro 2, pág. 185
Pescadores de Caña de El Perelló	José Ferrer Duato	Fomentar la afición a la pesca con caña	29-11-20	Sueca (Perelló)	Valencia	Libro 2, pág. 187

VALLADOLID

El Archivo Histórico Provincial de Valladolid se encuentra en la Avda. Ramón y Cajal, nº 1, en Valladolid. Nos ponemos en contacto, con dicho archivo, vía email el tres de julio de 2012, preguntando por los libros de asociaciones hasta 1920 y nos señala un funcionario que tienen la información. Efectuamos la visita el cuatro de septiembre de 2012 por la mañana, la documentación se encuentra en el Fondo Gobierno Civil; Sección Asociaciones; Serie Registro de Asociaciones; Caja 1841. La inscripción más antigua corresponde con la Sociedad de Socorros Mutuos, del 20 de abril de 1877, tenía por objeto socorrer los enfermos del gremio de sastres y pertenecía al Ayuntamiento de Valladolid. Tras finalizar obtenemos estas sociedades deportivas hasta 1920.

Figura 49: Entrada del Archivo Histórico Provincial de Valladolid

NOMBRE	PRESIDENTE/ DIRECTOR	ACTIVIDAD A LA QUE SE DEDICA	FECHA DE CONSTITUCIÓN DE LA SOCIEDAD	POBLACIÓN	PROVINCIA	OBSERVACIONES
Asociación Nacional Española de Cazadores, Pescadores y Agricultores			12-12-05 (fecha inscripción de la sociedad)	Medina de Rioseco	Valladolid	Libro l-27, pág. 95
Asociación Nacional Española de Cazadores, Pescadores y Agricultores		Defensa de la caza, pesca y agricultura	20-11-11	Valladolid	Valladolid	Denominada después: Sociedad Regional de Caza, Pesca y Agricultura. Libro l-27, pág. 121
Real Automóvil Club de Castilla			02-02-14	Valladolid	Valladolid	Libro l-27, pág. 134
"La Fiebre Blanca" Sociedad de Cazadores		Fomento de la caza	22-01-15	Valladolid	Valladolid	Libro l-27, pág. 123
"La Peña Castellana" Sociedad de Excursiones		Organizar excursiones	30-12-16	Valladolid	Valladolid	Libro l-27, pág. 123

NOMBRE	PRESIDENTE/ DIRECTOR	ACTIVIDAD A LA QUE SE DEDICA	FECHA DE CONSTITUCIÓN DE LA SOCIEDAD	POBLACIÓN	PROVINCIA	OBSERVACIONES
Unión Deportiva Castellana		Fomento de deportes	29-01-18	Valladolid	Valladolid	Libro l-27, pág. 123
Asociación de Cazadores, Pescadores y Agricultores de Castilla la Vieja		Defensa de la caza, pesca y agricultura	09-10-18	Valladolid	Valladolid	Reformó su reglamento el 14-10-1914 y 20-4-1933. Libro l-27, pág. 125
Sociedad Deportiva Club Medines		Propagar y fomentar el ciclismo	01-04-19 (fecha inscripción de la sociedad)	Medina del Campo	Valladolid	Reglamento firmado por Rufino Sáez y Fidel Asensio. En su art. 1 manifiesta que la sociedad se denominará "Club Ciclista Medines". Cuota de ingreso 5 pesetas y 0,25 pesetas la cuota semanal. Libro l-27, pág. 95

NOMBRE	PRESIDENTE/ DIRECTOR	ACTIVIDAD A LA QUE SE DEDICA	FECHA DE CONSTITUCIÓN DE LA SOCIEDAD	POBLACIÓN	PROVINCIA	OBSERVACIONES
Los Exploradores de España Comité Provincial (150)	Cesáreo M. Aguirre		29-12-20 (fecha inscripción de la sociedad)	Valladolid	Valladolid	Hay un certificado que indica que se constituyeron según acta el 21-5-1913. Libro l-27, pág. 150

VIZCAYA (BIZKAIA)

El Archivo Histórico Provincial de Vizcaya está ubicado en la C/ Henao, nº 8 en Bilbao. Nos ponemos en comunicación, con dicho repertorio, vía telefónica el veintinueve de junio de 2012, preguntando por los libros de asociaciones hasta 1920 y nos anuncia una funcionaria que no tiene dicha información, me deriva al Archivo del Gobierno Vasco. Ese mismo día contacto con el Archivo del Gobierno Vasco y me indican que no hay documentos anteriores a 1960. El resultado es que no disponemos de datos sobre las sociedades deportivas anteriores a 1920.

Figura 50: Entrada del Archivo Histórico Provincial de Vizcaya

ZAMORA

El Archivo Histórico Provincial de Zamora se encuentra en la C/ Rúa de los Francos, nº 1, en Zamora. Nos ponemos en contacto, con dicho archivo, vía email el trece de julio de 2012, preguntando por los libros de asociaciones hasta 1920 y nos indica un funcionario que tienen la información. Efectuamos la visita el tres de septiembre de 2012 por la mañana, la documentación se encuentra en el Fondo Gobierno Civil; Caja 22. La inscripción más antigua corresponde con San Vicente de Paul, del 18 de agosto de 1887 y pertenecía al Ayuntamiento de Zamora. Tras terminar encontramos estas sociedades deportivas hasta 1920.

Figura 51: Entrada del Archivo Histórico Provincial de Zamora

NOMBRE	PRESIDENTE/ DIRECTOR	ACTIVIDAD A LA QUE SE DEDICA	FECHA DE CONSTITUCIÓN DE LA SOCIEDAD	POBLACIÓN	PROVINCIA	OBSERVACIONES
Sociedad Gimnástica		Conseguir el desarrollo físico de los socios	21-2-1895	Zamora	Zamora	Disuelta. Signatura 22/1, pág. 2
C.B.D.A. de Cazadores y Pescadores		La unión fraternal de los aficionados a la caza y pesca	31-03-10	Santibáñez de Vidriales	Zamora	Disuelta 24-12-1913. Signatura 22/1, pág. 34
Centro Excursionista		Estudio de la provincia	08-11-10	Zamora	Zamora	Signatura 22/1, pág. 37
Sucursal de la Asociación de Cazadores y Agricultores de Castilla la Vieja (Valladolid)	Victorio Cocho López	Cooperar a que se respete la legislación de caza, pesca e intereses agrícolas	17-11-11	Villamayor de Campos	Zamora	Indica fecha de constitución 03-07-11. Signatura 22/1, pág. 40
Asociación de Cazadores		Distracción entre los socios	13-11-12	Toro	Zamora	Indica fecha de constitución 04-11-09. Signatura 22/1, pág. 32

NOMBRE	PRESIDENTE/ DIRECTOR	ACTIVIDAD A LA QUE SE DEDICA	FECHA DE CONSTITUCIÓN DE LA SOCIEDAD	POBLACIÓN	PROVINCIA	OBSERVACIONES
Sociedad Cinegética y Protectora de la Caza		Fomento de la caza	14-01-13	Cañizo	Zamora	Indica fecha de constitución 04-01-13. Signatura 22/1, pág. 48
Sociedad Recreativa y Protectora de la Caza		Fomento de la caza	16-05-13	Belver de los Montes	Zamora	Indica fecha de constitución 30-04-13. Signatura 22/1, pág. 53
Sociedad de Cazadores y Pescadores "La Perdiz"		Fomento de la caza y pesca	21-02-14	Puebla de Sanabria	Zamora	Modifica reglamento 5-5-1914. Signatura 22/1, pág. 59
Sección de la Asociación Denominada "Los Exploradores de España"		Desarrollar en la juventud fines instructivos	05-05-14	Toro	Zamora	Indica fecha de constitución 28-04-14. Signatura 22/1, pág. 60
Cinegética Alistana		Fomento de la caza	05-06-16	Alcañices	Zamora	Signatura 22/1, pág. 72
Venatoria Benaventana		Fomento de la caza	06-12-16	Benavente	Zamora	Signatura 22/1, pág. 74

NOMBRE	PRESIDENTE/ DIRECTOR	ACTIVIDAD A LA QUE SE DEDICA	FECHA DE CONSTITUCIÓN DE LA SOCIEDAD	POBLACIÓN	PROVINCIA	OBSERVACIONES
Asociación de Cazadores		Fomento de la caza	17-04-20	Toro	Zamora	Signatura 22/1, pág. 113
Tennis Club		Recreo	15-07-20	Zamora	Zamora	Signatura 22/1, pág. 121

ZARAGOZA

El Archivo Histórico Provincial de Zaragoza está situado en la C/ Diego Dormer, nº 6-8, en Zaragoza. Nos ponemos en comunicación, con dicho repertorio, vía telefónica el diez de julio de 2012, preguntando por los libros de asociaciones hasta 1920 y nos señala un archivero que tienen la información. Efectuamos la visita el treinta de agosto de 2012 por la mañana, la documentación se encuentra en el Fondo Gobierno Civil; Sección Registro de Asociaciones. La inscripción más antigua corresponde con el Casino Agrícola e Industrial, del 14 de agosto de 1878, presidido por Modesto Larierra y pertenecía al Ayuntamiento de Morata de Jalón. Tras acabar hallamos estas sociedades deportivas hasta 1920.

Figura 52: Entrada del Archivo Histórico Provincial de Zaragoza

NOMBRE	PRESIDENTE/ DIRECTOR	ACTIVIDAD A LA QUE SE DEDICA	FECHA DE CONSTITUCIÓN DE LA SOCIEDAD	POBLACIÓN	PROVINCIA	OBSERVACIONES
Representación del Tiro Nacional de la Provincia de Zaragoza	Benito de Urquiza	Deportiva	07-09-00	Zaragoza	Zaragoza	Modificación reglamentos 16-1-1933. Sigue presentando balances en 1953. Signatura a16182, tomo I, pág. 19
Zaragoza Tenis Club	Rafael Monteagudo	Deportiva	22-11-13	Zaragoza	Zaragoza	Indica que antes se llamaba "Zaragoza Lawn Tennis Club". Modificación reglamentos 8-9-1914//9-10-1940//30-3-1950. Sigue presentando balances en 1952. Signatura a16182, tomo I, pág. 61

NOMBRE	PRESIDENTE/ DIRECTOR	ACTIVIDAD A LA QUE SE DEDICA	FECHA DE CONSTITUCIÓN DE LA SOCIEDAD	POBLACIÓN	PROVINCIA	OBSERVACIONES
Asociación de Cazadores de Zaragoza	Antonio ¿?	Deportiva	04-03-14	Zaragoza	Zaragoza	Indica que antes se llamaba "Sociedad General de Cazadores y Pescadores de Zaragoza" y anteriormente "La Protectora". Modificación reglamentos 14-9-1921//11-5-1942. Sigue presentando balances en 1953. Signatura a16182, tomo I, pág. 64

REFERENCIAS

- Archivo Delegación del Gobierno en Andalucía. Libro de registro de asociaciones (1887-1930).
- Archivo General de la Administración. Signatura 36/3104 (1887-1895). Fondo 8 Sección 30. Libro de registro de asociaciones del Gobierno Civil en Madrid.
- Archivo General de la Administración. Signatura 36/3105 (1895-1905). Fondo 8 Sección 30. Libro de registro de asociaciones del Gobierno Civil en Madrid.
- Archivo General de la Administración. Signatura 36/3106 (1905-1912). Fondo 8 Sección 30. Libro de registro de asociaciones del Gobierno Civil en Madrid.
- Archivo General de la Administración. Signatura 36/3107 (1912-1915). Fondo 8 Sección 30. Libro de registro de asociaciones del Gobierno Civil en Madrid.
- Archivo General de la Administración. Signatura 36/3108 (1915-1917). Fondo 8 Sección 30. Libro de registro de asociaciones del Gobierno Civil en Madrid.
- Archivo General de la Administración. Signatura 36/3109 (1917-1919). Fondo 8 Sección 30. Libro de registro de asociaciones del Gobierno Civil en Madrid.
- Archivo General de la Administración. Signatura 36/3110 (1920-1922). Fondo 8 Sección 30. Libro de registro de asociaciones del Gobierno Civil en Madrid.
- Archivo General de la Administración. Signatura 36/3111 (1922-1924). Fondo 8 Sección 30. Libro de registro de asociaciones del Gobierno Civil en Madrid.
- Archivo General de la Subdelegación del Gobierno en Barcelona. Fondo: Asociaciones; Libros: Registro de Asociaciones; Tomo 1.
- Archivo General de la Subdelegación del Gobierno en Barcelona. Fondo: Asociaciones; Libros: Registro de Asociaciones; Tomo 2.
- Archivo General de la Subdelegación del Gobierno en Barcelona. Fondo: Asociaciones; Libros: Registro de Asociaciones; Tomo 3.
- Archivo General de la Subdelegación del Gobierno en Barcelona. Fondo: Asociaciones; Libros: Registro de Asociaciones; Tomo 4.
- Archivo Histórico Provincial de Cádiz. Sección: Gobierno Civil. Libro 474 (1898-1933).
- Archivo Histórico Provincial de Ciudad Real. Fondo: Gobierno Civil; Serie: Libro registro de asociaciones. Signatura G-3216.
- Archivo Histórico Provincial de La Rioja. Fondo: Gobierno Civil. Sig: GC-Libros/35/3, (1888-1934).
- Archivo Histórico Provincial de Murcia. Fondo: Gobierno Civil de Murcia; Serie: Asociaciones y orden público. Registro de asociaciones (188-1927), signatura: GOB, 6580.
- Archivo Histórico Provincial de Pontevedra. Sección Hacienda, libro L 10052.
- Archivo Histórico Provincial de Segovia. Fondo: Gobierno Civil. Sección: Asociaciones. Serie: Libros de registro de asociaciones. Libro 1 (1887-1921).
- Archivo Histórico Provincial de Valladolid. Fondo: Gobierno Civil. Sección: Asociaciones. Serie: Registro de asociaciones. Caja: 1841. Libro: L-27 (1877-1965).

- Archivo Histórico Provincial de Zaragoza. Fondo: Gobierno Civil; Sección: Registro de Asociaciones; Signatura: A 16182 (Tomo I) (1878-1937).

- Archivo del Reino de Galicia. Libro Registro General de Asociaciones, signatura L-5125.

- Archivo del Reino de Valencia. Fondo: Delegación del Gobierno. Sección: Libro de Asociaciones. Sig: Libro 1 (1887-1911).

- Archivo del Reino de Valencia. Fondo: Delegación del Gobierno. Sección: Libro de Asociaciones. Sig: Libro 2 (1912-1924).

- Dunning, Eric (2003). *El fenómeno deportivo. Estudios sociológicos en torno al deporte, la violencia y la civilización*. Barcelona: Paidotribo.

- García Bonafé, Milagros (1992). Las mujeres y el deporte: del "corsé" al "chándal". *Sistema, 110-111*, pp. 37-53.

- García García, José Miguel (2016). *Los primeros militares olímpicos españoles*. Sevilla: Wanceulen.

- Kierkegaard, Søren (2014). *Diario de un seductor*. Madrid: Alianza.

- Lagardera Otero, Francisco (1995). Historia social del Deporte en España. En: Saúl García Blanco (coord.). *Simposium de Historia de la educación física*. (pp. 39-69). Salamanca: Universidad de Salamanca.

- Lagardera Otero, Francisco (1995-1996). Notas para una historia social del deporte en España. *Historia de la Educación. Revista Interuniversitaria, 14-15*, pp. 151-172.

- Laso Ballesteros, Ángel (2010). El papel de la autoridad: los documentos del Gobierno Civil de Valladolid. *Investigaciones históricas, 30*, pp. 233-266.

- León y Castillo, Fernando de (1887, 12 de julio). Ley del derecho de asociación de 30 de junio. *Gaceta de Madrid, 193*, pp. 105-106.

- Molina Martínez, José Luis (2006). Un punto oscuro en la vida política de Musso: el Gobierno Civil de Sevilla. En: Santos Campoy García, Manuel Martínez Arnaldos y José Luis Molina Martínez (coord.) *José Musso Valiente y su época (1785-1838): la transición del Neoclasicismo al Romanticismo: actas del Congreso Internacional celebrado en Lorca los días 17, 18 y 19 de noviembre de 2004*. (pp. 159-168). Murcia: Universidad de Murcia.

- Terol Gómez, Ramón (2004). La intervención pública sobre el asociacionismo deportivo en España. 1869-1978. *Revista Jurídica del Deporte, 11*, pp. 27-44.